HISTOIRE

DE LA

CONGRÉGATION DES SŒURS

DE

NOTRE-DAME DE BON-SECOURS DE LYON

SŒUR MARIE-JOSEPH

R. MÈRE FONDATRICE

HISTOIRE

DE LA

CONGRÉGATION DES SŒURS

DE

NOTRE-DAME DE BON-SECOURS DE LYON

(Garde-Malades)

ET DE LEUR FONDATRICE

PAR

LE P. JOBERT, S. M.

BOURG

IMPRIMERIE VILLEFRANCHE

1888

Vu le rapport favorable qui m'a été fait sur un ouvrage du R. P. Jobert, religieux de notre Société, ayant pour titre : HISTOIRE DE LA CONGRÉGATION DES SŒURS DE N.-D. DE BON-SECOURS DE LYON, j'en autorise volontiers l'impression.

Ste-Foy-lès-Lyon, le 28 Septembre 1887.

A. MARTIN,

Sup. Gén. S. M.

IMPRIMATUR

Lugduni, die tertiâ Octobris 1887.

† JOSEPH, Arch. Lugdun.

EXTRAIT D'UNE LETTRE

Au Supérieur général des Maristes

Bourg, le 15 septembre 1887.

Le Révérend Père Jobert a tenu à me faire connaître, avant l'impression, son histoire de la fondation des Sœurs de Bon-Secours. J'en ai lu le manuscrit, ou nous l'avons lu ensemble tout entier.

Il ne m'appartient point d'en donner une appréciation comme théologien ; mais comme simple fidèle j'en ai été profondément édifié ; et comme littérateur, la clarté, la justesse des proportions, la simplicité d'un style non dépourvu d'élégance, m'ont pleinement satisfait. La simplicité et la clarté sont les maîtresses qualités de ce genre d'ouvrage.

En résumé, la publication de l'histoire des Sœurs de Bon-Secours me paraît devoir être fort utile à cette Congrégation et profitable à tous, en même temps quelle fera honneur et à l'écrivain et à la Société religieuse dont il est membre.

J.-M. Villefranche.

AVANT-PROPOS

Quel que soit le nom, ou le titre, que l'on donne à la femme chrétienne ; qu'on l'appelle Mère, Sœur ou Epouse, elle occupe un rang élevé, elle remplit une importante mission parmi nous. Etant redevenue, par une participation spéciale à l'œuvre et aux bienfaits de la Rédemption du monde, la digne compagne de l'homme, elle doit et peut mieux que jamais le soutenir, le consoler et répandre des charmes sur sa pénible existence.

C'est surtout au Calvaire, près de la Croix, et dans la personne de l'Immaculée Vierge, Mère de douleur, qu'a été opérée la réhabilitation de la femme et posé le principe surhumain de sa véritable grandeur. La merveilleuse harmonie de la création première, loin d'en être troublée, n'en paraît que plus parfaite ; et, se perpétuant d'âge en âge, cette restauration suit toujours un plan parallèle à celui de la déchéance.

Ainsi, la faute d'Eve a causé sa propre ruine, et plongé sa postérité dans un déluge de maux. Mais Marie, et les saintes femmes de l'Evangile qui, en tous les temps, chez tous les peuples, marchent avec elle à la suite de la croix, réparent le péché d'origine. Cette divine Vierge et ces pieuses chrétiennes servent de cortège au Dieu du Calvaire, dont elle s'efforcent de soulager les souffrances, arrosant de leurs larmes la trace sanglante de ses pas, partageant

ses affronts, recueillant ses soupirs,
essuyant et bandant ses plaies; l'assis-
tant enfin, lui et tous les malades, les
infirmes, qui sont ses membres, et
comme d'autres lui-même, sans jamais
les abandonner, jusqu'à l'agonie, à la
mort et au tombeau.

Voilà comment nos Mères et nos
Sœurs ont repris pleine possession des
trésors de grâce, d'innocence et de
bonté que l'ancien serpent leur avait
ravis. Rachetées comme nous, au prix
du sang de Jésus, plus elles s'unissent
étroitement par l'action et le cœur à ce
Dieu souffrant et mourant, plus elles
grandissent et deviennent semblables
à l'Auguste Vierge Marie. Tout en de-
meurant sur la terre, dans l'humilité et
la modestie de leur condition, elles s'élè-
vent jusqu'au ciel par l'héroïsme de
l'amour et de la vertu.

Ceci est parfaitement vrai pour toutes
nos religieuses de charité, en général;

personne n'en doute. Mais il ne l'est pas moins, en particulier, pour les Sœurs de Notre-Dame de Bon-Secours de Lyon, dites Sœurs Garde-Malades. On le verra dans ce livre où sont racontés les commencements, les progrès et le dévouement sublime de cette Congrégation.

O vous! entre les mains de qui viendront à tomber ces pages, veuillez les accueillir avec faveur et fixer sur elles un regard attentif. Vous apprendrez, en les parcourant, quelles précieuses ressources nous offre dans la souffrance une religion, hélas! si violemment persécutée.

Vous-mêmes, dignes et compatissantes religieuses de Bon-Secours, quel intérêt ne trouverez-vous pas à connaître l'histoire de votre saint Institut! Aimez-donc à la lire ici telle que nous l'ont apprise vos propres Annales. Elle vous rappellera quelque chose de l'excellent esprit dont vous désirez tant nourrir et pénétrer votre âme, l'esprit même de votre vénérée Fondatrice et de vos chères Anciennes. Elle vous redira plusieurs des admirables paroles qu'elles ont prononcées, et que vous voudriez entendre et savourer sans cesse. Sous vos yeux enfin repasseront bon nombre de leurs actions édifiantes, de ces beaux exemples de vertu, que vous vous efforcez de reproduire.

Puissions-nous, en fixant selon vos désirs, les premières traditions de votre Communauté, avoir réussi à en conserver à jamais le précieux souvenir parmi vous et parmi celles qui vous suivront !

C'est le but de notre travail ; ce sera notre plus douce récompense.

HISTOIRE

DE LA

CONGRÉGATION DES SŒURS

DE

Notre-Dame de Bon-Secours de Lyon

CHAPITRE PREMIER

L'Hôtel-Dieu de Lyon. — Sa prospérité dans le passé. — Troubles survenus. — Expulsion des religieuses hospitalières en 1830.

LES œuvres et les établissements de charité, si nombreux et si divers au sein de l'Église catholique, ressemblent aux plantes et aux arbres qui, à l'origine du monde, faisaient l'ornement du paradis terrestre. Jouissant en eux-mêmes d'une vie surabondante, ils produisent des fleurs et des fruits, dont la vertu répond toujours, d'une manière admirable, aux besoins de l'homme, quels que soient les temps et les lieux.

Que les coups de l'adversité, les orages des persécutions atteignent ces créations bienfaisantes : elles résistent et sont toujours debout. Viendraient-elles à être abattues ? On les voit se relever bientôt, pleines d'une seconde jeunesse, plus vigoureuses même qu'auparavant. Quelquefois elles se transforment, ou donnent naissance à des rejetons, qui à leur tour deviennent d'autres établissements, d'autres œuvres, où la charité s'exerce sous une forme, et avec un héroïsme presque inconnu jusqu'alors. Telle est la merveille dont la cité entière de Lyon a été témoin, il y a un peu plus de cinquante ans.

Cette grande ville possède un Hôtel-Dieu, ou hôpital général, fondé par un saint, dit-on, sous le règne du roi Childebert [1]. Dès le

---

[1] Saint Sacerdos, Evêque de Lyon au VIᵉ siècle.

principe, l'hospice fut pourvu de sages règlements, non moins que de riches dotations. Deux corps distincts, ou plutôt deux branches différentes, l'une ecclésiastique, l'autre civile, s'en partageaient les fonctions administratives. Celle-ci, presque toute composée de laïcs d'une conduite irréprochable et d'une piété exemplaire, comme l'avait prescrit le fondateur, ne prenait soin que du matériel de l'établissement. Celle-là, relevant de l'autorité épiscopale du diocèse, fut confiée dans le cours des temps, tantôt à des prêtres séculiers et tantôt à des religieux. Seule, elle devait pourvoir au spirituel, c'est-à-dire aux intérêts des âmes, et à la conduite de tout le personnel.

Durant de longs siècles, chacune de ces deux branches d'administrateurs fut fidèle à rester dans ses attributions propres, et une parfaite harmonie ne cessa jamais de régner entr'elles.

L'ordre et la paix ne commencèrent à être troublés, à l'hôpital général, que quand la tourmente révolutionnaire vint, en 1793, bannir la religion et le prêtre de cet asile de la souffrance, n'y laissant qu'un personnel et des chefs laïcs. De graves abus, de honteux scandales ne tardèrent point à résulter de pareils changements. Pour ramener le bien-être, il fallut le plus tôt possible, et autant que le permirent les circonstances, revenir aux règlements du passé. On dut, surtout, y faire reparaître le prêtre et lui rendre son autorité avec ses anciennes fonctions ; ce qui eut lieu à l'époque où fut rétabli en France le culte catholique. On pensa même plus tard à créer dans cette maison, conformément au décret impérial de 1809, un Noviciat, destiné à faire de véritables religieuses des filles ou Sœurs vouées au soin des malades. Projet d'une haute importance, dont la difficile exécution n'a été tentée que vers 1827, par M. l'abbé Philéas Jarricot, alors aumônier en chef de l'Hôtel-Dieu[1]. On reconnut presque de suite les heureux résultats de cette entreprise, par une augmentation sensible d'esprit chrétien,

---

[1] M. l'abbé Jarricot, prêtre très pieux et d'un grand zèle, était frère de Mlle Pauline Jarricot, première *fondatrice* de l'œuvre admirable de la Propagation de la Foi. La vie de celle-ci, écrite par

d'ordre et d'économie, qui faisait présager le meilleur avenir.

Mais arriva l'année 1830, ramenant avec elle la Révolution qui allait agiter une seconde fois le grand hôpital et exposer plus que jamais son personnel et la partie ecclésiastique de l'administration à de graves dangers.

Les ennemis du christianisme, enrôlés pour la plupart dans les sociétés secrètes, relevèrent alors fièrement la tête. S'inspirant d'une haine implacable, ils déclarèrent à l'Eglise de Jésus-Christ cette guerre acharnée, qui dure encore ; guerre d'autant plus redoutable que, pendant longtemps, elle se fera dans l'ombre, et avec certains dehors de modération et de bienveillance, capables de séduire une foule d'esprits. Affaiblir par degré la foi au fond des cœurs, afin d'arriver à l'éteindre un jour, à détruire même partout le catholicisme, dans notre patrie en particulier; tel est le but

---

Mˡˡᵉ Maurin, donne de nombreux détails sur la création du Noviciat à l'Hôtel-Dieu, et sur l'opposition qu'il rencontra. T. I, page 303 et suivantes.

suprême, but véritablement satanique, poursuivi par les suppôts de la Révolution. Ne l'ont-ils pas avoué bien haut, et les évènements qui se sont déjà accomplis n'en rendent-ils pas témoignage? Un des principaux moyens de succès qu'emploient ces sectaires impies est d'enlever toute influence au prêtre catholique et à ceux qui le secondent, parmi les peuples, auprès de la jeunesse, des pauvres et des malades.

C'est sous l'empire de pareilles pensées, et à l'aide de si criminels artifices, que se proposaient d'agir les nouveaux administrateurs civils, donnés en 1830 à l'Hôtel-Dieu et aux autres hospices de Lyon. Il s'agissait pour ces hommes de reprendre l'œuvre de destruction, commencée par leurs devanciers en 1793 ; il s'agissait surtout de mieux réussir; et, pour cela, de suivre une nouvelle marche en déployant plus d'habileté.

A peine entrés en charge, ils demandèrent l'éloignement des anciens aumôniers de l'hôpital général. Ensuite ils en firent nommer de nouveaux, suivant eux plus à la hauteur des idées du jour, et qu'ils s'engageaient à seconder de tout leur pouvoir. Ces perfides voulaient, en réalité, ils espéraient du moins, affaiblir plus aisément l'action du prêtre, saper son autorité spirituelle ; et, à la fin, le supplanter dans la conduite du personnel hospitalier. On put bientôt s'en convaincre, quand on vit quelques-uns de ces administrateurs s'ingérer dans les affaires religieuses de l'hospice, usurper subrepticement certaines fonctions, autrefois réservées aux aumôniers, et entraver ceux-ci jusque dans l'exercice de leur divin ministère.

Ils faisaient circuler en même temps, et à dessein, le bruit que des réformes notables étaient devenues nécessaires à la prospérité de l'établissement. Ces réformes, ils les préparaient dans l'ombre, sans l'avis ni le concours des supérieurs ecclésiastiques.

Dès les premiers jours de 1831, on annonça, en effet, que de nouveaux statuts règlementaires venaient d'être élaborés pour l'Hôtel-Dieu. Peu de jours après, on les publia ; mais en disant que tous ne devaient pas être mis de suite à exécution. « La réforme, ajoutait-on, demandant beaucoup de ménagements et de circonspection, il faut user d'une sage lenteur. »

Néanmoins, ces adroits administrateurs sentaient le besoin d'accroître sans délai leur influence, et d'éloigner les obstacles qu'ils savaient entraver la mise à exécution de leur plan de prétendue réforme. S'étant donc réunis en conseil, le 27 avril de la même année, ils prirent un arrêté, déclarant aboli « *comme inutile et trop coûteux, le Noviciat* récemment établi pour les religieuses hospitalières ». Ces messieurs s'arrogeaient de plus, pour l'avenir, la surveillance et la conduite des frères et des sœurs de la maison.

Un acte si grave portait, à n'en point douter, un coup déjà très violent à l'ancien état des choses, en particulier à l'administration religieuse de l'Hôtel-Dieu. C'était, disons-le, comme un lointain prélude de cette laïcisation à outrance que les révolutionnaires introduisent aujourd'hui jusque dans les institutions les plus saintes.

Combien furent douloureuses et profondes, au cœur des personnes croyantes, les émotions produites par de si étranges mesures ! Les

réformateurs purent en juger eux-mêmes en
voyant une émeute sur le point d'éclater alors
au dedans de l'hospice ; et, depuis, les défec-
tions s'y multiplier de jour en jour.
De pressantes représentations leur arrivèrent de toutes parts. Ils rencontrèrent d'ailleurs une opiniâtre résistance parmi les
religieuses qu'ils prétendaient dominer et
conduire. De leur côté, les aumôniers, dont
ces habiles avaient cru se faire des complices
aveugles, ou de faciles victimes, opposèrent
à leur entreprise non moins d'énergie et de
constance. Le plus terrible champion de la
lutte fut l'aumônier en chef, M. l'abbé Gabriel,
homme de zèle, de talent et de caractère, dont
l'Archevêché adopta et soutint chaudement
la cause.
Pour faire tête à une opposition si forte,
pour gagner peu à peu du terrain et arriver
enfin à introduire l'organisation de leur choix,
les membres de l'administration civile mirent
tout en jeu : autorité et persuasion, promesses
et menaces, écrits privés et publics. D'autre
part, les aumôniers, gardiens des règles et
des usages du passé, ne se laissèrent ni inti-

mider, ni surprendre. M. Gabriel se montrait inflexible, refusant toute concession contraire à l'antique discipline de l'hospice, aux attributions léguées par ses prédécesseurs. Sa charge d'aumônier en chef, il la remplissait avec une nouvelle exactitude, entrant dans les moindres détails de son administration, soit pour le personnel, soit pour les malades; bref, de loin comme de près, il s'informait et s'occupait de toutes choses.

Mais, en même temps, ne perdant pas ses adversaires de vue, ce prêtre courageux les combattait sans trêve ni merci; il arrêtait leurs empiétements, déjouait leurs intrigues, fortifiait les esprits faibles contre leurs vexations, et éclairait l'opinion publique par écrit ou de vive voix. Dans ce dessein, il publia, en 1835, un Mémoire[1] éloquent et instructif, où il raconte la plupart des faits que nous relatons ici sur l'Hôtel-Dieu. Il y réfute en

---

[1] *Mémoire en réponse à l'article inséré dans le* Courrier de Lyon, *le 29 décembre 1834, relatif aux affaires de l'hôpital,* par M. l'abbé Gabriel. — Lyon. Imp. de Rossery.

même temps, d'une manière victorieuse, les griefs dont l'avait chargé le *Courrier de Lyon*, un des principaux organes au service de ses ennemis.

Au sujet de l'acte fameux du 27 avril 1831, M. Gabriel adresse en particulier ces paroles aux administrateurs : « Cet arrêté, réduisant ma personne à une nullité complète, et frappant de stérilité mon ministère, j'ai dû m'opposer à son exécution, et j'avoue avec fierté que, pendant quatre ans, j'ai fait tous mes efforts pour y réussir. Pouvais-je consentir à la destruction de mon être, sans pousser des gémissements et des cris ? Devais-je renoncer à mes convictions, pour hâter le moment de vos déplorables triomphes ? »[1]

Ces « déplorables triomphes », les révolutionnaires ne tardèrent pas à les remporter.

M. Gabriel, qui plusieurs fois déjà, mais inutilement, avait offert sa démission à ses supérieurs, quitta pour toujours l'aumônerie et l'Hôtel-Dieu, au mois de novembre 1834.

---

[1] *Mémoire* susd., page 13.

De leur propre chef, les administrateurs l'avaient destitué en conseil, et déclaré déchu de sa charge.

Mais le vaillant défenseur de la cause de Dieu et des âmes chrétiennes ne se tint pas pour vaincu, et se garda bien de jeter les armes. Il continua de combattre tant qu'il vit ses adversaires debout. Ceux-ci, croyant avoir remporté une première victoire, résolurent de mettre le comble à leur tyrannie. Ils se préparèrent donc à frapper un grand coup, celui qui devrait, pensaient-ils, les laisser maîtres du champ de bataille.

Un jour, le 31 du mois de décembre de la même année, sur la requête de ces hauts personnages, et à l'insu de toute la ville, douze agents de police, précédés de cinquante grenadiers sabre au poing, envahissent subitement le grand hôpital. D'un ton impérieux et menaçant, ils signifient aux Soeurs et prétendantes, rebelles depuis quatre ans aux règlements nouveaux : « Que toute résistance de leur part est désormais inutile ; qu'elles se soumettent, ou qu'elles sortent

immédiatement des salles de malades et
même de l'établissement. »[1]

Tout céda devant un tel étalage de forces
matérielles. La victoire était facile, sans
doute; mais, le croirait-on? elle tourna tout
entière à la confusion des intrépides, qui
avaient provoqué un pareil combat.

Des nombreuses sœurs et postulantes de la
communauté, à peine s'il en demeura une ving-
taine, dont la plupart s'étaient soumises,
non par conviction, mais par peur ou timidité, à l'ukase des révolutionnaires. Aussi
l'hôpital général se trouva-t-il dépourvu quelque temps, et le service des malades n'eut
pas peu à en souffrir. Après d'inutiles récher-
ches, les persécuteurs furent réduits à implo-
rer le secours d'un hospice voisin, celui de
La Charité. Encore, pour conserver ce qui
leur restait du personnel des religieuses, se
virent-ils bientôt contraints de remettre les
choses au premier état.

Les Sœurs qui s'éloignèrent étaient au

------

[1] Archives de Notre-Dame de Bon-Secours. Registre de 1883, page 4.

nombre de plus de cinquante. Toutes préférè-
rent sortir, abandonner leurs malades, plutôt
que de subir un joug tyrannique, d'obéir à des
ordres impies, qui les dépouillaient de leur dignité de religieuses infirmières, et leur enle-
vaient la salutaire influence dont elles usaient
en vue surtout de procurer le bien spirituel du
prochain. Ce fut pour ces nobles âmes un véritable triomphe, le triomphe de la foi et de la li-
berté des enfants de Dieu. A leur départ de
l'hospice, diverses maisons et familles recom-
mandables de la ville se disputaient l'honneur
de les recevoir. Ainsi victorieuses et délivrées
de toute entrave, elles ne tardèrent pas à se
rendre où le Ciel et l'attrait de la vie religieuse
les voulaient. Les unes entrèrent dans d'autres communautés hospitalières ; d'autres,
chez les sœurs de Saint-Joseph et de Saint-
Charles de Lyon.

Chose plus remarquable, et qui tient du
prodige : quelques-unes de ces filles, si bruta-
lement expulsées de l'Hôtel-Dieu, devien-
dront, d'une manière inattendue, mais toute
providentielle, les fondatrices et les bases
premières d'une admirable Institution, qui

comptera un jour parmi les gloires de la catholique cité lyonnaise, d'où elle rayonnera et portera au loin les bienfaits de la sainte Charité.

Ainsi Dieu, du haut de son trône, se joue des vains complots des méchants [1]. Ils tendent des pièges, et ils y tombent eux-mêmes [2]. Tout ce qu'ils entreprennent contre le Souverain Maître de toutes choses les couvre de honte, en faisant mieux éclater sa sagesse et sa puissance infinies.

---

[1] Ps. 2.
[2] Ps. 9.

CHAPITRE II

—

Comment ont pris naissance les Sœurs garde-malades de Lyon. — Première Installation de la Communauté. — Son titre de *Notre-Dame de Bon-Secours*. — Ses humbles débuts.

ARMI les Sœurs sorties de l'Hôtel-Dieu, lors des expulsions, il en est quelques-unes, avons-nous dit, sur qui le Ciel a de secrets desseins. Elles sont au nombre de neuf. On les appelle, de leurs noms de famille : *Etiennette Chavent, Thérèse Girard, Anne Colin, Marguerite Colin, Jeanne-Marie Beaugey, Marie Garnier, Eugénie Michaud, Louise Nalet et Françoise Belmain.*

Hésitant sur le parti à prendre, parce qu'elles ignorent quel sera leur sort, au lieu d'être entrées, comme leurs compagnes, en d'autres établissements religieux, elles continuent à habiter les diverses maisons qui les ont accueillies. Dans cet intervalle, elles se visitent, et s'encouragent les unes les autres.

Bientôt toutes se rendent à la *Rue de la Reine* [1], chez une pieuse dame, Mme veuve Chessac, qui a offert de les recevoir dans sa propre demeure, même de les nourrir et de leur fournir le nécessaire, malgré la modicité de ses ressources. Jusqu'à sa mort, cette charitable personne s'intéressera à elles, les secourra et méritera le titre de *première bienfaitrice*.

Ainsi rassemblées sous l'œil de Dieu, et au pied de la sainte colline que couronne la chapelle miraculeuse de Marie, ces humbles filles attendent, dans le silence et la prière, comme autrefois au Cénacle les disciples du Sauveur, le souffle et la révélation des volon-

---

[1] Actuellement (1887), Rue Franklin.

tés d'en haut. Dieu n'a-t-il pas agi déjà en leur faveur? Il ne tardera point à parler.

C'était le temps où, des cimes de Fourvière, commençaient à descendre en abondance les grâces privilégiées qui, dans notre siècle, ont fait germer et grandir au sein de la ville particulièrement chère à Notre-Dame tant d'œuvres, d'associations et de communautés nouvelles, très précieuses pour la religion. L'Auguste Vierge fixait ses regards, avec une complaisance toute maternelle, sur la modeste réunion, formée depuis peu et sans bruit, rue de la Reine. Elle-même conduira toutes choses et exécutera les desseins de son divin Fils.

Il y avait nombre d'années que, à Lyon et en divers lieux, le soin des malades à domicile, confié souvent à des mains étrangères, paraissait en souffrance, et laissait beaucoup à désirer. Plusieurs familles s'en plaignaient, en particulier sous le rapport de l'édification et du profit spirituel des âmes.

Le prêtre zélé dont nous avons dit les talents et le caractère énergique, M. l'abbé

Gabriel, ne connaissait que trop ce triste état de choses, et y réfléchissait fréquemment, surtout depuis qu'il avait quitté l'hôpital général. Non content de déplorer ce qui se passait, il faisait des vœux ardents de voir au plus tôt s'accomplir sur ce point une salutaire réforme. Il se surprenait même parfois à méditer une meilleure organisation du service des malades, et une manière plus chrétienne de les assister à la mort. A la fin, M. Gabriel sentit naître au fond de son cœur la résolution de créer lui-même une œuvre nouvelle et spéciale ; et, dans son ardeur infatigable, il chercha la voie à suivre, les moyens à employer. Mais les éléments indispensables semblaient lui faire défaut. Alors, il conjura le ciel de les susciter, et de lui apprendre comment il devait s'en servir.

Au mois de janvier 1835, le digne prêtre monte à Fourvière, l'esprit tout préoccupé de son projet. Il célèbre la sainte messe à l'autel et devant l'image miraculeuse de Notre-Dame, demandant sans doute à la divine Mère de l'éclairer et de lui venir en aide.

Pendant sa messe, raconte une personne
très digne de foi [1], M. Gabriel eut une forte
inspiration de ne confier le soin des malades
qu'à des religieuses, et d'établir dans ce but
une Congrégation particulière. En ce même
moment, il crut voir apparaître sous ses yeux
cinq personnes, qu'il ne reconnut pas d'abord.
Pareille chose, disent les historiens ecclésiastiques, est arrivée, dans le cours des
siècles, à plusieurs saints personnages et
fondateurs d'ordres. Quant à M. Gabriel, ce
qui lui a été inspiré, ce qu'il a vu, lui paraît
mystérieux, et il n'en comprend pas bien la
signification.

Etonné, et l'âme plus remplie que jamais
de pensées et de sentiments divers, il des-
cend la montagne, songeant à ce qui vient
de survenir, et faisant à ce sujet mille
réflexions en lui-même : « Comment forme-
rai-je des religieuses, se disait-il, moi qui
n'ai aucune idée de ce genre de vie ? Et
puis, où les trouver ? Ces pensées et ces

---

[1] Reg. 1883, p. 15. — Note de sœur Dosithée,
entrée en communauté en 1836.

préoccupations l'accompagnèrent jusqu'à sa maison.

A peine y est-il entré, que Etiennette Chavent et quatre de ses compagnes viennent de la rue de la Reine frapper à sa porte. Elles demandent à l'entretenir de leur position, à le consulter, comme elles faisaient de temps à autre, parce qu'il avait été leur aumônier, et qu'il continuait à les protéger, depuis les affaires de l'hôpital.

L'abbé Gabriel, tout surpris, ou plutôt éclairé soudain à la vue de ces filles, se rappelle les cinq personnes qui lui ont apparu à Fourvière, il y a peu d'instants. « Vous voilà ! s'écrie-t-il : j'en suis bien aise. Je vais vous raconter ce qui m'est arrivé ce matin. » [1] Et, sous le poids de l'émotion, il leur fait part de son pèlerinage, de l'inspiration qu'il a eue, et de l'apparition mystérieuse, où cinq personnes, qu'il n'a pu connaître, se sont présentées à lui, tandis qu'il offrait le saint sacrifice aux pieds de Notre-Dame.

L'entretien fut long et sérieux, ajoute-t-on.

---

[1] Reg. 1883, p. 16.

Il est facile de le comprendre. Sur la fin, M. Gabriel se lève tout-à-coup et, comme s'il eut été inspiré de nouveau, il interpelle les Sœurs dans la personne d'Etiennette Chavent, qu'il désigne par le nom qu'elle portait à l'hôpital. « Sœur Emilie, dit-il d'une voix haute et ferme, vous avez toujours désiré être religieuse ! Or, le moment en est venu, ce me semble : car nous allons fonder une congrégation, qui aura pour objet spécial d'aller à domicile soigner les malades. Par des soins bons, intelligents et dévoués, nous tâcherons d'arriver à leur âme et d'assurer leur salut, en les préparant à la mort. » [1]

M. Gabriel ne se trompait pas. Les Sœurs habitant chez Mme Chessac étaient celles que Dieu appelait et tenait en réserve pour créer l'Œuvre et l'Institut en question. Le séjour à l'Hôtel-Dieu les avait d'avance rendues aptes aux fonctions d'infirmières. Chose beaucoup plus importante : on était sûr de rencontrer dans ces âmes le dévouement et les autres vertus nécessaires, par là même qu'elles dési-

---

[1] Reg. 1883, p. 16.

raient entrer en religion, comme vient de le dire
l'abbé Gabriel. Ce désir, conçu dès longtemps,
s'était bien accrû à l'époque du noviciat,
qu'elles avaient fait sous la sage et pieuse
direction de M. Jarricot. Du désir, chacune
d'elles en était venue à une détermination
arrêtée, depuis que le saint prêtre, ravi trop
tôt, hélas! à l'estime et à l'affection de tous,
avait conseillé en mourant aux plus ferventes
novices de suivre leur attrait pour la vie religieuse et d'entrer, quand arriverait le moment,
dans des communautés régulières [1]. Loin de

---

[1] M. l'abbé *Philéas Jarricot* mourut jeune encore,
mais déjà riche en vertus, le 28 février 1829.
L'ardeur de son zèle, et aussi la haine des ennemis
de la religion, ont beaucoup contribué, dit-on, à
précipiter sa dernière heure. Il pria en mourant sa
sœur Pauline d'être après lui le soutien et la providence des novices et des pauvres de l'Hôtel-Dieu.
Celle-ci le promit; elle a tenu parole, comme on ne
peut en douter de la part d'une personne si dévouée,
qui a contribué à la création de tant d'œuvres, dont
elle était l'âme, et auxquelles furent sacrifiées sa
fortune et sa vie.

Nous avons la certitude que Mlle Jarricot s'est
particulièrement intéressée à l'Institut et aux Sœurs
fondées par M. Gabriel.

perdre de vue ces paroles, elles les avaient presque toujours présentes à l'esprit, lors des tristes évènements du grand hôpital. C'était à leurs yeux une sorte de prédiction, dont elles espéraient l'heureux accomplissement pour elles-mêmes. Pleines de bonne volonté, elles n'attendaient que l'heure et les ordres de la divine Providence.

Or, Dieu a parlé, et son heure est venue. Avec quelle joie et quel respect ces saintes filles ont écouté et recueilli le récit touchant des merveilles dont M. l'abbé Gabriel leur a donné connaissance ! Bien convaincues qu'il y a là du surnaturel, elles entrent avec empressement dans la pensée et le dessein qu'il a de fonder une Société de religieuses garde-malades. Toutes embrassent de grand cœur cette belle vocation, et promettent de s'y dévouer corps et âme. Sans doute, elles n'ignorent ni leur propre impuissance, ni les difficultés qui les attendent. L'abbé Gabriel n'a point manqué, en leur disant à quel ministère sublime elles vont être élevées, d'exposer les longues et dures épreuves qu'elles devront subir. Mais la foi vive qui les anime leur dit

à son tour que le Dieu dont la voix les appelle
donne force et courage aux faibles, comme
aux oiseaux du ciel la pâture de chaque jour.
Elles s'abandonnent donc sans crainte entre
les mains de ce Dieu, prêtes à lui obéir, à
se mettre à l'œuvre.

Mais il fallait, avant de rien entreprendre,
solliciter et obtenir l'autorisation épiscopale,
requise en pareil cas. M. Gabriel fit les démarches nécessaires auprès de Mgr de Pins,
archevêque d'Amasie *in partibus*, et pour lors
administrateur du diocèse de Lyon, au nom
de Son Eminence le Cardinal Fesch. Le
pieux et vénérable Prélat accueillit favorable-
ment la demande, et approuva la nouvelle
Institution, appelant sur elle la rosée des
bénédictions célestes.

Il lui continua depuis son estime et sa protection ; ses successeurs ont agi de même
jusqu'aujourd'hui.

Cela fait, nos Sœurs eurent d'abord à se
procurer une habitation. Elles louèrent un
troisième étage, rue Bourbon, n° 9 [1], où elles

---

[1] Actuellement (1887) rue Victor Hugo.

s'installèrent, le 29 janvier 1835, fête de saint François de Sales, qui a toujours été honoré dans la suite comme protecteur de la nouvelle Société et de sa fondation. En ce jour, à jamais mémorable, en effet, commençait à exister la petite Congrégation, qu'on verra bientôt prendre de merveilleux accroissements. « C'était, en vérité, dit une des anciennes, le jour de sa naissance aux yeux des hommes. » [1]

Le 2 février suivant, M. le Curé d'Ainay, sur la paroisse duquel venaient de s'établir les Sœurs, bénit les appartements et donna à ces bonnes filles un habit distinctif provisoire; celui que portent encore les jeunes postulantes.

Afin de mieux préparer les nouvelles religieuses à la vie de dévouement et d'épreuves qu'elles allaient mener, M. Gabriel crut devoir ouvrir, le même jour, les exercices d'une grande retraite. Il la termina par une messe d'action de grâces à Fourvière, où les Sœurs reçurent la sainte communion. Au retour,

[1] Reg. de 1883, p. 6. — Note de Sœur Gertrude.

elles furent présentées à Mgr d'Amasie, qui les bénit et leur adressa d'encourageantes paroles.

Quelque temps après, la petite Communauté monta de nouveau au sanctuaire vénéré, que l'Institut ne cessera jamais de chérir comme ayant été son premier berceau. Là, le fondateur consacra solennellement les neuf Sœurs à *la Très Sainte et Immaculée Vierge*. Dans le même moment, soit à raison de leur ministère propre de *Garde-Malades*, soit afin de leur assurer mieux la protection puissante et spéciale de Marie, M. Gabriel leur imposa le Nom patronymique dont elles s'honorent : *Sœurs de Notre-Dame de Bon-Secours*; Nom emprunté au titre glorieux de l'Auguste Mère de Dieu, invoquée comme Secours des Chrétiens, *Auxilium Christianorum*[1]. La famille naissante reçut aussi du fondateur, vers cette époque, quelques premières règles, peu étendues, mais ne manquant pas, dit-on, d'une certaine sévérité.

Telle fut, dans ses principales circonstan-

---

[1] Reg. de 1883.

ces, l'origine de l'Œuvre excellente dont nous écrivons l'histoire. Comme toutes celles qui viennent de Dieu et doivent prospérer à l'avenir, celle-ci apparut de suite marquée au coin de la pauvreté et du dénuement.

Quoique peu nombreuse, la Communauté se trouva fort à l'étroit dans son nouveau local, composé seulement de trois à quatre pièces de peu d'étendue. Chacune de ces pièces dut forcément servir à des usages multipliés et divers. L'accès en était d'ailleurs fatigant, vu leur élévation au troisième étage. Elles manquaient de meubles, et n'avaient guère d'autres tapisseries que la poussière. La première literie des Sœurs consistait en quelques mauvais bois et paillasses d'emprunt, où l'on eut grand peine à se défendre de la vermine. Durant plusieurs semaines, une bouteille vide fit l'office de chandelier, et les planches ou les ais d'un volet délabré servaient de table pour le travail et les repas, suivant les heures, en les appuyant avec précaution aux pieds de deux misérables lits. Et la pitance, quelle était-elle d'ordinaire ? Du pain, que l'on économisait le plus possible ; de l'eau, rarement rougie de quelques gouttes de vin, malgré le travail et les fatigues. Après la soupe, abondante, mais presque toujours maigre, un plat unique de pommes de terre ou autres légumes communs, faisait presque tous les frais de la réfection, à midi et le soir. Chacune des convives y trouvait sa part, parfois cependant un peu trop réduite.

« En ces temps, qu'on pourrait appeler héroïques, disent nos annales, Dieu, pour encourager ses servantes, se plut à leur donner une foi qui ne doutait de rien. On vit un jour les neuf Sœurs s'asseoir à table, autour d'une simple portion de haricots. Toutes en mangèrent à leur appétit, et il y en eut encore de reste. Après bien des années, les témoins survivantes de ce fait, qui tient du prodige, en parlent toujours avec une conviction, qui n'a d'égal que le religieux respect avec lequel elles en conservent le souvenir. » [1]

Les pauvres filles semblaient ignorer l'usage de la viande. S'il en paraissait sur la table, en des circonstances exception-

----

[1] Reg. 1883, page 8.

nelles, par économie ou mortification, elles osaient à peine y toucher [1].

La Congrégation éprouva un tel état de gêne, que l'on craignait beaucoup de la voir disparaître. Au commencement, les Sœurs possédaient en bourse, pour toute valeur, soixante francs qu'elles avaient reçus à la sortie de l'hôpital général. Pendant plusieurs mois, elles n'eurent comme recettes que de rares aumônes venant de certaines familles, ou de maisons religieuses, et le faible salaire du travail de quelques Sœurs. C'était trop peu pour vivre et faire face aux dépenses considérables qu'entraîne une fondation. Mais Dieu, en qui nos religieuses ont mis toute leur confiance, ne les abandonnera pas. L'assurance qu'elles en ont les remplit d'un contentement de cœur, d'une énergie de volonté, bien capables d'adoucir les plus rudes aspérités.

Au reste, le chantier de tribulations, sur

---

[1] Il est raconté que le même gigot, revenant toujours sur la table, dura si longtemps, qu'à la fin les vers s'y mirent. Reg.

lequel nous les voyons placées, va devenir pour elles la meilleure école de la vie religieuse. Nulle part, ces âmes choisies de Dieu, ne pourraient mieux s'instruire, se façonner, pour entrer ensuite, pierres vivantes, dans l'édifice spirituel en construction.

CHAPITRE III

Etiennette Chavent (sœur Emilie), fondatrice et supérieure. — Sa naissance et sa jeunesse. — Son séjour à l'Hôtel-Dieu. — Commencement de sa supériorité.

LES neuf Sœurs, réunies d'abord à la rue de la Reine, et maintenant logées rue Bourbon, ont donc mis la main à l'œuvre, et commencé à poser les bases de l'importante Institution des religieuses garde-malades. Elles-mêmes en seront les pierres fondamentales.

A leur tête apparaît l'une d'elles, que « depuis longtemps, toutes les autres sœurs se sont accoutumées, peu à peu et naturel-

lement, à regarder comme leur Supérieure. »
C'est la sœur Emilie, dans le monde « Etiennette Chavent, que ses vertus et ses qualités
ont rendue de tout point digne de cette
primauté [1]. »

M. Gabriel a su apprécier et mettre à
profit le mérite de sœur Emilie. Aussi n'a-t-
il point hésité à lui faire prendre une large
part à l'entreprise de la fondation, en la nom-
mant lui même, provisoirement toutefois, à la
première charge de l'Institut. Maintenue à
diverses reprises dans cette dignité, soit
par les Administrateurs diocésains, soit par
les suffrages de ses compagnes, l'excellente
religieuse consacrera presque toute sa vie à
établir l'œuvre, à diriger la Congrégation.
Dès lors, c'est à bon droit qu'on l'appellera
*Fondatrice et première Supérieure géné-
rale* des Sœurs de Notre-Dame de Bon-
Secours.

Etiennette Chavent était née à Lyon, sur
la paroisse Saint-Louis, le 11 mars 1796.
Ses parents étaient très chrétiens, et jouis-

---

[1] Reg. de 1883, p. 5, 6.

saient, à raison de leur droiture d'âme, d'une réputation irréprochable. Sans posséder de grandes richesses, ils vivaient dans une certaine aisance, fruit du travail et d'un honnête commerce en soieries.

Le berceau de la petite fille, prédestinée à secourir une multitude d'infirmes, de malades et de mourants, fut exposé, comme celui du libérateur des Hébreux, sur les eaux de la persécution, où il courut les plus grands périls. Elle n'était pas encore née, que déjà elle avait perdu son digne père, Mathieu Chavent, qui succomba, victime de sa fidélité à Dieu et au Roi, sous les coups des révolutionnaires. Sa mère, Etiennette Bouvard, tombée ainsi, jeune encore, en veuvage, se vit en outre dépouillée de sa modique fortune, par l'effet des tristes évènements de l'époque. Seule, et presque réduite à la misère, elle eut à élever quatre enfants en bas âge. Quelle charge ! Que de fatigues et de souffrances, pour une faible femme !

Heureusement Etiennette Bouvard, veuve Chavent, était animée d'une foi vive. Elle

savait que Celui qui nourrit chaque jour le
passereau et ses petits veille avec une sollicitude beaucoup plus tendre sur la veuve
et sur l'orphelin. Fidèle à Dieu et l'invo-
quant avec ferveur, elle et ses chers enfants,
elle se tenait assurée qu'il ne les abandon-
nerait jamais. Cette mère était d'ailleurs
très laborieuse et ne s'accordait presque
aucun repos. Tous les instants que lui laissaient libres l'accomplissement des devoirs
religieux, les soins de sa famille et les occupations du ménage, elle les employait à
broder des ornements d'église. Les gains
étaient peu considérables, il est vrai ; mais,
grâce à une sévère économie ; grâce surtout
à la bénédiction d'en Haut, tous avaient le
nécessaire ; les enfants grandissaient ; ils
étaient sages ; et bientôt ils commencèrent à
travailler eux-mêmes.

Etiennette, la plus jeune des quatre,
devint particulièrement chère à sa mère.
De bonne heure, elle fit son espoir et sa
joie par l'heureux caractère et l'extrême
bonté de cœur qu'elle manifestait ; mais
bien davantage encore par cette piété, cette

modestie et cette soumission qui compteront plus tard parmi ses vertus distinctives.

« Un jour, un monsieur et une dame, qui savaient l'état de gêne où se trouvait Mme Chavent, vinrent la visiter et lui commander du travail. Le monsieur voulant, à la même occasion, lui faire une offrande, mais sans l'humilier, demanda à voir sa petite fille. On appela l'enfant, qui avait alors quatre ans au plus. Elle arrive aussitôt. — Viens m'embrasser, petite amie, lui dit le visiteur. — Je vous demande pardon, reprit tout bas Mme Chavent, ma fille ne vous embrassera pas. — A quatre ans, dit le monsieur, c'est pour rire ! — Essayez, ajouta la mère. — L'étranger se tourne du côté de l'enfant, l'invite de nouveau à venir, et, pour l'engager, lui montre une pièce de monnaie. Etiennette s'arrête tout court, et, d'un petit air sérieux : « Je n'embrasse pas les messieurs, répond-elle. » Cet homme, afin de la pousser à bout et de savoir si c'est une véritable répugnance, ou une espièglerie d'enfant, met sous ses yeux des dragées et des pièces d'argent sur une assiette : « Si tu m'embrasses, répète-t-il, je te donne tout cela. » — La petite fille, à qui les bonbons faisaient bien un peu envie, répondit : « J'aimerais les bonbons pour moi, et les sous pour maman ; mais je n'embrasse pas les messieurs. »

« Rempli d'admiration, le bon monsieur lui laisse aussitôt l'assiette et son contenu. « Ce que vient de faire cette enfant, dit-il à Mme Chavent, n'est pas ordinaire. Dieu a sans doute des desseins sur elle. Peut-être la destine-t-il à quelque chose de grand. » [1]

Ne serait-il pas juste de dire de notre Etiennette ce qui a été écrit de Tobie et appliqué à de saints personnages ? « Malgré sa jeunesse, elle n'agissait point en enfant, mais elle surpassait tous ses frères, et, par sa sagesse, devançait les années. » [2]

Que d'autres détails édifiants nous fournirait la première partie de cette belle vie, si nos documents historiques ne l'eussent tenue cachée sous le voile du silence, comme l'ont été à Nazareth et dans la solitude du temple

---

[1] Reg. 1883, page 163.
[2] Tobie, ch. 1, v. 4.

l'enfance et la jeunesse de l'Auguste Vierge Marie! Cependant ce voile sera soulevé un jour, il disparaîtra presque à nos regards, quand nous verrons Etiennette Chavent quitter sa famille et embrasser une sublime vocation. Les excellentes qualités de son âme et ses nombreuses vertus brilleront alors avec éclat, et il sera aisé de reconnaître à quelle perfection, toute jeune encore, elle était déjà parvenue. La grâce divine a évidemment prévenu cette enfant dès sa naissance ; elle a déposé dans son cœur de précieux germes, qui ont été fécondés ensuite et ont singulièrement grandi à l'école du malheur, sous la salutaire influence des leçons et des exemples d'une mère chrétienne.

Une âme si bien douée ne pouvait demeurer longtemps en contact avec un monde pervers, indigne de la posséder. D'autre part, elle était trop agréable à Dieu, pour qu'il ne l'invitât pas de bonne heure à venir à lui, à l'aimer par-dessus tout, et à faire du service divin son unique partage. La voix de la grâce parlait, en effet, au cœur de la pieuse jeune

fille et l'appelait à rompre les liens de la
nature et du sang, à s'éloigner de ce qu'elle
avait de plus cher ici bas, afin d'appartenir
sans réserve au Seigneur. Elle éprouvait, en
même temps, un ardent désir de pratiquer
dans leur perfection les conseils évangéliques.
Pour suivre son attrait, elle eût préféré se
rendre dans un ordre notoirement religieux
ou régulier, ayant les vœux de religion, et
unissant la vie intérieure à l'exercice actif de
la charité ; l'hospitalité de Marthe avec la
contemplation de Marie. Mais, à cette époque
de notre siècle, ce genre de communauté était
rare en France ; du moins Etiennette n'en
découvrit aucune. Elle se décida donc pour
l'Hôtel-Dieu de Lyon, où elle espérait pouvoir s'immoler selon son gré, et travailler
avec fruit à la gloire de Dieu et au salut des
âmes.

Au reste, cette jeune fille dirigeait ses pas,
sans qu'elle s'en doutât, vers la carrière qui
devait la conduire, parmi de longues épreuves,
à sa mission providentielle. C'était un vase
d'élection ; il fallait qu'à l'exemple du grand

Apôtre elle apprît combien elle aurait à souffrir pour le nom de Jésus [1]. Il fallait qu'elle
entrât d'avance en société de douleurs et de
peines avec son divin Maître [2].

Etiennette Chavent avait au plus dix-sept
ans lorsqu'elle vint frapper à la porte de l'hôpital général, où elle fut admise comme prétendante. A cause de sa jeunesse et de sa
santé un peu faible, on la remit entre les mains
d'une religieuse ancienne, Sœur Borduge, sa
parente, et personne d'expérience, qui prit
soin d'elle et ne négligea rien pour la faire
croître en vertu et en forces. On reconnut
bientôt quel trésor avait acquis la communauté dans la nouvelle postulante. Ce corps,
frêle en apparence, cachait un cœur d'élite,
d'une exquise sensibilité et d'un dévouement
sans bornes. Le moment venu, les Supérieures n'hésitèrent point à la revêtir du saint
habit et à la mettre au rang des religieuses,
sous le nom de *Sœur Emilie*. Depuis ce jour,
et tant qu'elle habita l'Hôtel-Dieu, elle ne fit

---

[1] Actes, chap. 9, v. 16.
[2] Philipp. ; chap. 3, v. 10.

que confirmer, elle dépassa même la haute idée qu'on avait conçue de son mérite.

Habituée à la vie active depuis l'enfance, la jeune Sœur s'y livra, et remplit tous ses devoirs d'hospitalière, avec une ardeur, une exactitude et une constance, dont elle semblait incapable, vu sa santé et son âge. « On ne saurait se rappeler sans admiration ce qu'ont raconté de vénérables personnes, qui l'ont connue vers ce temps-là : le lavage du linge qu'elle allait faire en hiver aux eaux du Rhône, dont il fallait souvent briser la glace ; et, chaque semaine, le nettoyage d'une vaisselle toute d'étain, qu'elle avait à rendre brillante comme l'argenterie ; puis les veilles répétées, où elle gardait plusieurs salles ensemble, remplies de cent quarante malades. Elle avoua dans la suite qu'au matin de ces nuits sans sommeil elle se sentait épuisée de fatigue. » [1]

Il est, pour les âmes les plus énergiques comme pour les constitutions les plus robustes, une limite d'activité. Si elles la dépassent,

[1] Reg. 1883, page 2.

le corps s'affaiblit, bientôt la nature succombe.
Aussi arriva-t-il plusieurs fois à cette Sœur
de tomber d'épuisement ; elle fit même de
graves maladies, après des travaux trop multipliés et trop longs. Force était alors pour
elle de s'arrêter. On l'y obligeait, ou bien on
lui donnait d'autres emplois ; car des personnes si dévouées n'acceptent souvent le
repos qu'en se livrant à d'autres occupations.
C'est pourquoi sœur Emilie passa successivement, et revint toujours avec le même zèle,
tantôt au vestiaire, à la lingerie, aux malades ;
tantôt à la pharmacie, à la tenue de la chapelle et de la sacristie. Elle avait d'ailleurs
une aptitude remarquable à remplir les fonctions les plus diverses. Qu'il fût question de
travaux d'aiguille, d'objets du culte, d'ordre et
de propreté, aussi bien que de la cuisine et de
l'infirmerie : elle excellait dans tous les genres.
Avec un tel amour du travail, la fervente
religieuse utilisait toutes les heures du jour
et de la nuit. Elle se fût reproché de perdre
la moindre parcelle de son temps, et on peut
dire d'elle ce que l'Esprit-Saint a dit de la
femme forte au livre des Proverbes : « Elle

n'a pas mangé son pain dans l'oisiveté. » [1]

Les excès de fatigue et les maladies qui s'en suivaient n'étaient pas les seules épreuves endurées par la chère Sœur. Semblable au marbre ou au métal précieux soumis à l'action du marteau et du ciseau d'un sculpteur habile, elle devait être façonnée par les épreuves qui font les grands saints. Que de répugnances, de dégoûts et de soulèvements de cœur lui causaient l'approche de certains malades, la vue et l'odeur fétide de leurs plaies ! Sa nature délicate ne put jamais, malgré l'habitude et le temps, parvenir à une complète insensibilité devant ce spectacle.

Mais ses souffrances morales étaient beaucoup plus douloureuses. Combien de fois, pendant un séjour de vingt ans à l'Hôtel-Dieu, n'eut-elle pas occasion de les ressentir, et d'une manière poignante, à cause, soit de la mauvaise organisation, soit de l'insuffisance du personnel, d'où lui venait en grande partie son surcroît de travail : par suite encore du manque d'égards de plusieurs, qui volontiers,

---

[1] Prov.; chap. 31, v. 27.

lorsqu'elle était déjà très occupée, se déchargeaient d'une foule de choses sur elle ! Et même, certaines Sœurs ne lui épargnaient pas les paroles piquantes ou les reproches, bien qu'elle fût écrasée de fatigue ou malade. Les dernières années, elle souffrit étrangement des vexations auxquelles les prêtres et les religieuses de l'hospice se trouvèrent en butte de la part des administrateurs civils. Ajoutons que la sainte fille eut à passer, comme tous les élus, par le creuset d'une multitude de tentations, de sécheresses, d'ennuis et d'autres tribulations intérieures.

L'estime générale dont elle jouissait, la reconnaissance et le bonheur de tant de malades qui devaient à ses soins, disaient-ils hautement, d'avoir recouvré la santé de l'âme et du corps, étaient bien capables, sans doute, de la dédommager et de raffermir son courage. Mais son plus solide appui, sa plus douce consolation, sans lesquels son dévouement et ses forces l'eussent enfin abandonnée, elle ne les demandait qu'à sa foi, à sa piété, et à la pratique des précieuses vertus dont le premier germe, reçu entre les bras de sa mère, a fait depuis lors en elle d'incessants progrès.

Telle était la vivacité de la foi chez sœur Emilie, que Dieu, sa présence, sa bonté, sa puissance semblaient être visibles à ses yeux. De là son attention, son recueillement habituel, même en faisant un simple signe de croix; et aussi son attitude si respectueuse dans le lieu saint, son assiduité à la prière, son zèle pour la décoration des autels, pour les cérémonies et les exercices du culte, où elle aimait à prêter le concours de sa belle voix. Au milieu de ses plus grands embarras, sa confiance en Dieu ne l'abandonna jamais. Elle espérait contre l'espérance même.

Comment dire à quel degré l'amour divin embrasait son cœur, cet amour qui surmonte tout et ne craint pas la mort? « Seul, il allège ce qui pèse, dit l'auteur de l'*Imitation*, et supporte toutes les vicissitudes avec égalité d'âme. Tout ce qui est amer, il le rend doux et savoureux; il court, vole, joyeux et libre d'entraves. Ne connaissant d'ordinaire aucune limite, il franchit dans son ardeur toutes les bornes. L'amour ne ressent point la charge, ne tient pas compte du travail ; il désire faire plus qu'il ne peut, ne prétextant jamais l'impossibilité, parce qu'il se croit tout possible et permis. Aussi, est-il capable de tout entreprendre, fait beaucoup de choses, remplit beaucoup d'emplois, qui déconcertent et abattent ceux qui n'aiment pas. » [1]

Ces remarquables paroles nous révèlent d'avance une des causes principales de l'empire étonnant que sœur Emilie exercera un jour, non plus seulement sur elle-même, mais tout autour d'elle.

Appuyée de cette sorte sur les vertus fondamentales de la vie chrétienne, pouvait-elle manquer de s'élever à une plus haute perfection ? Dans sa profonde humilité, elle semblait être seule à ignorer son propre mérite ; et, jusqu'à sa dernière heure, on la verra fuir les regards et les applaudissements du monde. De cette abnégation, naissaient l'esprit et la pratique d'une pauvreté religieuse héroïque, avec un désir passionné de se sacrifier et de souffrir. Toutefois, et d'après le même prin-

----

[1] *Imit.*, liv. III, chap 5, *passim*.

cipe, elle se montrait pleine de bienveillance, de douceur et d'amabilité à l'égard du prochain. Quelle tendresse auprès de ses chers malades ! Quel support et quelle déférence pour toutes ses compagnes ! Envers ses Supérieurs, quels qu'ils fussent, elle n'avait que soumission et respect ; et nulle autre n'accomplissait plus fidèlement ce qui était prescrit ou d'usage à l'hospice.

A la même époque, la vertu particulièrement chère à sœur Emilie, depuis son enfance, l'angélique pureté, eut aussi à subir de fortes épreuves, mais ce fut pour en recevoir un plus vif éclat. Jusque dans les manières et parmi les traits de la jeune religieuse, se reflétaient la beauté et la distinction de son âme. Par l'envie et les ruses de Satan, ces avantages extérieurs seraient bientôt devenus de véritables dangers, si la vertueuse fille n'eût possédé une profonde défiance d'elle-même, une modestie exemplaire et une prudence consommée. A l'abri de ce triple et inexpugnable rempart, elle échappa toujours aux traits de l'ennemi, saine et sauve, et n'ayant, comme la colombe de l'arche, jamais touché la fange, ne fût-ce que du pied. Loin de faiblir, elle gagnait à Dieu les tentateurs, ainsi qu'il arriva pour un fonctionnaire de l'Hôtel-Dieu, que le caractère énergique ou plutôt la sainteté de sœur Emilie fit réfléchir, au point de le remplir pour elle d'estime et de dévouement [1].

Voilà donc notre fondatrice au terme de son apprentissage. Chrétienne digne des anciens temps et religieuse achevée, moulée en quelque manière, elle peut désormais entreprendre la tâche qui l'attend, et devenir *La Mère* d'une Communauté nombreuse. Ce sera sa famille; les Sœurs seront ses enfants. Elle

---

[1] Ce fait eut lieu peu de temps après l'entrée d'Etiennette au grand hôpital. Elle se trouvait seule, un jour, à plier du linge. Un médecin se présenta tout à coup avec des manières trop libres. « N'approchez pas, lui dit-elle d'un ton grave et sévère », et, sans plus d'explications, elle s'éloigne. Edifié de cette conduite, le jeune homme conçut de la Sœur une haute idée, mêlée d'un respect et d'une sorte de vénération, dont il ne se départit jamais. Vingt ans plus tard, il s'offrit et fut accepté pour donner ses soins à la Congrégation de Bon-Secours. Il le fit jusqu'à sa mort, qui fut très chrétienne. — Reg. de 1883, page 72.

les dirigera, leur inoculera son esprit, les formera à la vertu, non par l'exercice d'une impérieuse domination, mais, suivant la pensée du prince des Apôtres, en servant de modèle à toutes dans son langage, sa tenue, sa vie, enfin dans toute sa personne [1].

Le pieux abbé Jarricot, aumônier et directeur du noviciat à l'Hôtel-Dieu avant 1830, pressentait déjà cette haute mission, lorsque, frappé de la ferveur de la jeune Sœur, il la chargea en second du soin des Novices [2]. La même pensée porta ses compagnes « à la considérer peu à peu, dès le principe, comme leur Supérieure »; ensuite à la maintenir longtemps à ce poste. Ce fut aussi pour ce motif que M. Gabriel lui confia ses desseins et la mit à la tête de la Société de Bon-Secours.

Sœur Emilie accepta cette dignité avec courage, quoiqu'elle n'ignorât pas combien ses fonctions, au début de la fondation, seraient difficiles et accablantes. Mais elle ne

----

[1] Saint Pierre, Ire Ep., chap. 5, v. 3.
[2] Reg. de 1883, page 12.

voyait que Dieu dans ceux qui comman-
daient, et, dans les ordres reçus d'eux, l'expression de sa souveraine volonté.

Ainsi la Révérende Mère entrait-elle en
charge par un acte d'obéissance aveugle,
bien propre à édifier ses filles spirituelles, à
leur faire embrasser avec amour la pratique
des vertus religieuses les plus coûteuses à la
nature. Quel bonheur d'obéir, pour une âme
qui désirait depuis si longtemps mener une
vie vraiment régulière ! Pour la même raison,
elle accepta avec une joie indicible le premier
règlement de l'Institut, ébauché par M.
Gabriel. De suite, elle s'efforça de le faire
observer exactement et d'y conformer elle-
même toute sa conduite.

Nous avons parlé de l'état de pénurie et
des privations de la jeune communauté de
Bon-Secours, dès son arrivée à la rue Bourbon. Dans cette pénible situation, qui ne devait pas finir de sitôt, les Sœurs admirèrent la
sérénité d'âme de sœur Emilie. Son cœur
goûtait une paix, des consolations, qu'elle
savait communiquer et répandre autour
d'elle. « Rien ne nous prêchait aussi éloquem-

ment, disent ses premières compagnes, le support de nos peines et l'estime de la pauvreté. » Ce qui les touchait encore beaucoup était de voir la *bonne Mère* servir toujours les Sœurs en premier lieu, ne se réservant que ce qu'il y avait de moindre ou de moins commode. S'agissait-il d'exécuter quelque travail ? Elle ne manquait pas de garder pour sa part les occupations les plus pénibles et les plus rebutantes. On en acquit la preuve lorsqu'il fallut nettoyer les nouveaux appartements et en faire disparaître la vermine, qui pullulait dans les meubles et les lits d'emprunt.

Quelles leçons de mortification, données à toutes les Sœurs ! En même temps, sœur Emilie excitait sa famille religieuse à la ferveur, par l'exemple de sa fidélité à l'oraison et à tous les autres exercices de piété. « C'est à Dieu qu'elle demandait la force et la persévérance. C'est dans la prière qu'elle ravivait son courage et son ardeur. A Ainay, l'église de paroisse, on la voyait chaque jour, tout au matin, à genoux par terre, selon son habitude, s'oublier en Dieu, et entendre jusqu'à

trois messes successivement. Ses filles.....
osaient à peine la tirer des contemplations
divines, qui l'absorbaient [1]. »

Ainsi, l'humilité, la mortification, l'union
à Dieu : telles furent les premières marques
distinctives de ce Supériorat, et les heureux
préludes de la longue et sage conduite d'une
œuvre toute de charité et d'immolation.

---

[1] Reg. 1883, page 8.

CHAPITRE IV

Travail de formation religieuse. — Les Sœurs commencent à soigner les malades. — Rapports avec le Bon-Secours de Paris. — La communauté se transporte à la rue Sainte-Hélène. — Nouveau règlement et première prise d'habit.

E petit enfant, avant de marcher seul, doit acquérir des forces, être soutenu et guidé par une main ferme et expérimentée. Un jeune essaim d'abeilles, impuissant à donner de suite de sa surabondance, à épancher sa propre vie au dehors, concentre d'abord son activité, s'approvisionne et se fortifie au dedans.

C'est la marche que vont suivre les premières Sœurs de Notre-Dame de Bon-Secours
et leurs fondateurs. Il s'agit d'une véritable
création à opérer ; création matérielle, qui
consiste à établir la nouvelle Société, à lui
procurer des ressources, des moyens de sub-
sistance, à rendre apte chacun de ses membres aux fonctions qu'il doit remplir. Bien
plus, création spirituelle, d'un ordre autrement relevé que la précédente ; car il faut
pourvoir aux besoins de l'âme, c'est-à-dire à
la vie intérieure des religieuses, à leur perfection même et à leur salut éternel : pour cela,
leur tracer de sages règlements, introduire
parmi elles un esprit propre, des exercices,
des usages et jusqu'à des vêtements, un costume distinctif, le mieux en rapport avec le
but qu'elles se proposent d'atteindre. Grande
et laborieuse entreprise [1] ! peut-on dire avec
le saint roi David parlant de la construction
du temple de Jérusalem, réservée à Salomon,
son fils. Encore la construction de cet édifice fameux devait-elle être presque toute de

---

[1] *Paralip.*, chap. 29, v. 1.

main d'homme. Mais celle-ci, outre qu'elle ne s'exécutera qu'à la longue et très lentement, sera surtout le fruit de beaucoup de prières, d'expérience et de sainteté. Ce sera l'œuvre de Dieu même, dont la grâce guidera et rendra féconds les efforts des fondateurs, en particulier de sœur Emilie et de ses compagnes.

Une fois en communauté, nos Sœurs apportèrent tous leurs soins à compléter ce qu'elles avaient entrepris à l'Hôtel-Dieu. Pendant une année entière, qui fut la première année d'existence de la nouvelle Congrégation, elles achevèrent l'apprentissage de la vie religieuse, depuis si longtemps objet de leurs désirs. Ce fut leur véritable noviciat, celui où elles s'essayèrent et s'affermirent le mieux dans la sainte vocation qu'elles allaient enfin embrasser. Ainsi en a-t-il été à l'origine de toutes les œuvres chrétiennes et du Christianisme lui-même. « C'est moi qui vous ai choisis, dit le Sauveur à ses Apôtres, je vous ai solidement établis, afin que vous alliez, que vous portiez du fruit, et que ce fruit soit durable [1]. »

---

[1] *Saint Jean*, ch. 15, v. 16.

M. Gabriel, ayant obtenu de l'Archevêché l'autorisation de fonder l'Institut des Religieuses garde-malades, se hâta, tandis qu'elles s'installaient à la rue Bourbon, de les faire connaître dans le public. Il écrivit pour cela un opuscule, que l'on distribua gratuitement. La nouvelle fut accueillie avec joie, surtout parmi le clergé de la ville, à qui c'était un grand soulagement de savoir que désormais les malades recevraient de meilleurs soins, que les familles seraient édifiées et les secours de la religion assurés aux mourants. En peu de jours, la cité entière connut l'existence de la communauté dite de Bon-Secours, et celle-ci devint aussitôt l'objet de l'attention générale.

En apprenant que les fondatrices avaient été du nombre des Sœurs expulsées naguère si injustement de l'Hôtel-Dieu, les âmes pieuses et tous les esprits droits ne pouvaient assez admirer la profondeur et la sagesse des desseins de Dieu. De toutes parts arrivèrent à ces généreuses filles d'honorables suffrages, des témoignages touchants de confiance, qui étouffèrent bientôt certaines voix discordantes, mais faibles, qui partaient d'autres œuvres isolées et peu connues.

Dès le 14 février 1835, les Sœurs de Notre-Dame de Bon-Secours se virent appelées au chevet des malades. Quelques jours après, elles ne pouvaient déjà plus suffire à toutes les demandes [1]. Leur charitable ministère parut de suite au-dessus de tout éloge.

Elles quittent tout, en effet, sur l'ordre ou le simple désir de leur Supérieure, et courent avec empressement, quelquefois au loin, assister les infirmes et les malades. Quels que soient ceux que l'on confie à leurs soins, elles les considèrent comme des membres souffrants de Jésus crucifié. Sur eux se concentre toute leur sollicitude, et elles apportent à les soulager l'activité de Marthe, la tendresse et la générosité du bon Samaritain. Sans craindre ni incommodité, ni fatigue, elles veillent les nuits entières, pansent les plaies, administrent les remèdes prescrits, tiennent les lits et les appartements dans l'ordre et la propreté convenables. Elles donnent enfin tous les secours

---

[1] Reg. 1883, page 7.

que leur permettent la décence et les forces du corps. La tristesse et l'abattement viennent-ils à s'emparer du malade, la bonne Sœur ranime son courage, et, avec l'espérance, rétablit le calme dans son cœur. S'il entre en convalescence, elle le suit dans ses promenades ou ses voyages, et ne le quittera que lorsque sa santé sera parfaitement rétablie.

Mais c'est peu des soins corporels. Une des fins principales, et, sans contredit, la plus excellente de l'Institut, n'est-elle pas d'édifier le prochain, de faire revivre la foi dans les âmes, au besoin de convertir les pécheurs, de les conduire à Dieu et au ciel? Aussi nos religieuses s'efforcent-elles d'obtenir ces heureux résultats en donnant l'exemple de toutes les vertus ; quelquefois par une bonne parole ou de sages conseils, et plus souvent encore par de ferventes prières.

Lorsque le mal s'aggrave, que le danger devient pressant, la chère Sœur redouble d'efforts ; son zèle ne connaît plus de bornes ; elle est sans repos, en un mot, jusqu'à ce qu'elle ait fait connaître, avec prudence néanmoins, au malade et à ses proches, en quel état il se trouve, et qu'il ait reçu les derniers sacrements. Parfois se rencontrent certains pécheurs rebelles à la grâce jusqu'au moment suprême. Comme alors la même Sœur déploie, épuise en quelque sorte toutes les ressources et toutes les énergies de sa charité ! Comme elle saisit les occasions favorables pour ouvrir ces cœurs endurcis, s'y insinuer et les émouvoir ! Ni rebuts, ni mauvais traitements, rien ne la déconcerte. Elle conjure le ciel avec larmes, lui fait violence, offre même sa propre vie afin de sauver ces malheureux. Quel bonheur, que d'actions de grâce, quand la victoire est remportée ! Elle-même prépare tout pour la confession et la communion du mourant, récite les prières de son agonie, ensevelit ses restes mortels ; et, à l'exemple de la sainte Eglise, accompagne l'âme de son pieux souvenir, l'assiste de ses suffrages, jusque dans les redoutables profondeurs de l'éternité.

Qui pourra s'étonner, après cela, qu'on ait tant loué, dès le principe, les vertus de ces saintes filles et les inappréciables services qu'elles rendent ?

« La ferveur était grande, écrit une des plus anciennes de la communauté, si grande dans les commencements que rien ne nous coûtait. Nous allions chez les malades, sans demander d'autre rétribution que la modique somme de cinquante centimes. En voyant le peu de générosité de certaines familles, et, d'un autre côté, ne pouvant pas faire vivre la communauté, notre bonne Mère alla confier sa peine à Mgr de Pins, qui lui dit de prendre le même prix, ni plus ni moins, que les garde-malades du monde ; et la rétribution fut fixée à deux francs, autant le jour que la nuit [1]. »

Malgré l'incontestable savoir-faire possédé par nos religieuses, malgré les succès déjà obtenus auprès des malades, elles avaient un ardent désir et ne négligeaient aucun moyen d'acquérir de nouvelles connaissances, de se perfectionner dans l'exercice de leurs fonctions d'infirmières.

M. le docteur Imbert, le célèbre chirurgien-major de *la Charité* de Lyon, fut toujours

---

[1] Reg., 1883, page 18. — *Note de sœur Dosithée*

très dévoué à la Congrégation nouvelle ; il rendit aux Sœurs d'importants services par ses savantes leçons, et par des avis sages et pratiques. Aussi ont-elles conservé de cet homme éclairé et généreux un souvenir plein de gratitude. Son nom restera inscrit en caractères ineffaçables dans leur mémoire et au livre des bienfaiteurs, parmi ceux qui ont le mieux mérité de l'établissement [1].

Ce qui suit prouve d'une manière plus convaincante encore quel zèle mirent ces bonnes filles à s'instruire toujours davantage, aussi bien dans les choses constitutives de la vie religieuse, que dans la pratique du ministère qu'elles vont remplir au dehors.

M. l'abbé Gabriel, leur fondateur, prédicateur en renom de l'époque, fut appelé, en 1835, pour donner une station de Carême à Paris. Ayant appris, à cette occasion, qu'il existait aussi dans la capitale une communauté sous le titre de Bon-Secours, pour le soin des malades à domicile, il se mit de

---

[1] *Archives des Sœurs*, Liasse 3. — *Note de M. Gabriel*, page 3.

suite en rapport avec la Supérieure, de qui il espérait obtenir communication des règles et usages de la maison. Mais, cette communication, promise d'abord, n'eut pas lieu : nous ignorons pour quel motif. Alors le conseil archiépiscopal de Lyon s'arrêta à la pensée, non d'unir comme il l'aurait voulu peut-être en premier lieu, mais d'associer simplement l'œuvre naissante à celle de Paris, affermie déjà par dix années d'existence et de travaux. M. Baron, premier vicaire général du diocèse, écrivit pour demander cette association. On se comprit de part et d'autre, et la demande fut accordée. Deux sujets, Jeanne-Marie Beaugey et Marguerite Colin, partirent de Lyon, le 22 février 1835, et allèrent à Paris commencer leur noviciat.

« Pendant ce temps, les supérieures des deux maisons entretenaient une correspondance suivie. Celle de Paris donnait des conseils, détachait de loin en loin quelques fragments de la règle, qu'elle envoyait, et dont elle recommandait la pratique. De plus, elle promit de venir en personne, dans le

courant de Mai de la même année, passer à
Lyon tout le temps nécessaire pour donner
quelque consistance au nouvel établissement...
Tout à coup les relations furent inter-
rompues [1]. » Pour quelle raison ?

M. Gabriel, après ce qu'il vient de nous
dire, insinue qu'une divergence de vues avait
fini par surgir entre les deux congrégations.
La communauté de Lyon, qui avait désiré
s'associer à celle de Paris, principalement
dans le but de lier amitié avec elle, d'avoir
part à son esprit, de connaître ses usages et
ses règles, voulut garder son indépendance
et son autonomie. En conséquence, et pour
ne pas compromettre l'avenir et les intérêts
de l'Institut naissant, lequel paraissait d'ailleurs prendre de l'extension et des forces, il
fut décidé en conseil, par Mgr d'Amasie, que
cette maison essayerait de se soutenir avec
les éléments renfermés dans son sein, et les
ressources que procureraient le temps et
l'expérience. Les deux sujets envoyés à Paris

---

[1] *Archives des Sœurs*, Liasse 3. — *Note de
M. Gabriel*, pages 3, 4.

reçurent ordre de revenir. On exprima à la Supérieure la reconnaissance qui lui était dûe, en la priant toutefois humblement de continuer aux Sœurs de Lyon ses dispositions bienveillantes et ses conseils ; ce qu'elle a toujours fait. Aujourd'hui les deux communautés sont encore dans les meilleures relations.

L'autorité diocésaine commença de suite à organiser régulièrement la Congrégation de Notre-Dame de Bon-Secours. M. Montagnier, promoteur du diocèse, fut nommé représentant de l'Archevêque à la tête de cet Institut. Le fondateur, M. Gabriel, reçut le titre de Supérieur. Sœur Emilie, Supérieure provisoire depuis le jour de la fondation, fut invitée à remplir cette charge jusqu'à l'époque où pourront se faire des élections régulières [1].

Cependant l'arrivée de quelques postulantes avait accru le personnel de la petite communauté, d'une manière sensible. Il fallut donc songer à se pourvoir d'un logement plus vaste. Mais les finances étaient toujours en mauvais

---

[1] Liasse 3, p. 4, 5.

état; les ressources manquaient. Grâce au zèle actif de M. Gabriel, une souscription publique s'ouvrit bientôt en faveur des bonnes Sœurs, et les mit à même de louer le premier étage d'une maison située rue Ste-Hélène, N° 1 [1]. Elles s'y transportèrent au mois d'août 1835.

Les nouveaux appartements, moins élevés et plus spacieux que ceux de la rue Bourbon, furent loin pourtant de réunir tout d'abord la plupart des conditions indispensables à l'installation d'un corps religieux. « Outre la privation de jardin, écrit sœur Brigitte, ce qui nous gênait le plus était le voisinage du rez-de-chaussée, habité par un marchand de vin. Toute la nuit, la maison retentissait de bruits de taverne, de chansons à boire, et de cris capables de chasser le sommeil le plus obstiné. Jamais néanmoins les Sœurs ne furent insultées, en quelque manière que ce soit. Elles avaient déjà conquis l'estime et la vénération publique [2]. »

---

[1] Aujourd'hui (1887), N° 3.
[2] Reg., 1883, page 9.

« Il y avait au-dessous de notre pauvre chapelle, ajoute une autre religieuse, un café chantant et une salle de danse. On dansait toute la nuit, surtout le dimanche. Souvent, pendant la messe, on entendait le commandement de celui qui faisait danser, ainsi que la musique. Cet état de choses affligeait vivement le cœur de notre bonne Mère. Mais que faire ? Point d'argent pour acheter : il fallait prendre patience [1]. »

On comprendrait difficilement, en effet, les peines qu'éprouvait alors l'âme si sensible et si délicate de Sœur Emilie, en proie d'ailleurs à une multitude de préoccupations, comme il arrive toujours à la fondation d'une grande œuvre. Que chacun des membres de la famille de Notre-Dame de Bon-Secours sache et soit fidèle à se rappeler combien son enfantement à la vie religieuse a coûté de soucis et de larmes à cette sainte fondatrice ! On dit qu'afin de perpétuer ce salutaire souvenir dans les esprits et les cœurs, la Révérende Mère se plaisait, lorsque la Congrégation eut

---

[1] Reg. 1833, page 19.

grandi, à entretenir les Sœurs des humbles et douloureux commencements de l'œuvre. Elle ne pouvait en parler sans ressentir et sans communiquer, à celles qui l'entendaient, les plus profondes émotions. Encore avait-elle bien soin de se tenir dans l'ombre, tant était grande son humilité, semblable à la violette qu'on ne découvre qu'à l'odeur de ses parfums. Elle ne faisait aucune mention d'elle-même « ne parlant, dit une religieuse, que des sacrifices des autres Sœurs, qu'elle nommait avec bonheur *Ses premières filles*. Que de fois nous avons surpris de grosses larmes dans ses yeux, quand elle nous racontait les privations endurées par celles que nous aimons à appeler *Nos premières Mères* [1]. »

Sœur Emilie, toujours contente de peu, s'oubliant, ou se mettant au dernier rang, souffrait plus des épreuves auxquelles ses compagnes étaient soumises que des siennes propres. Elle s'efforçait, quoiqu'elle eût le cœur broyé, de ranimer et de soutenir leur courage. C'était, comme on l'a dit, l'ange

---

[1] Registre 1883, p. 24. — *Note de sœur Alphonse.*

consolateur de la communauté naissante [1]. Répondant à ces marques de bonté, ou plutôt imitant leur digne Supérieure, les religieuses rivalisaient entre elles de confiance et de résignation ; elles manifestaient même une véritable joie au milieu de leur dénûment.

Ces fidèles servantes de Dieu et du prochain se sentaient encore fort encouragées par la manière frappante dont le Ciel venait à leur aide. Plusieurs sujets s'étaient présentés, avons-nous dit, et la Congrégation grandissait. En même temps, les Sœurs voyaient leurs services de plus en plus appréciés au dehors, et les demandes pour le soin des malades se multipliaient à mesure qu'elles-

---

[1] « O ma Mère ! que les commencements sont durs à la nature ! disait, en ces temps-là, sœur Irénée à la fondatrice. Nous avons tant à souffrir ! Comment arriverons-nous à faire quelque chose ? — Ah ! quelle bonne aubaine d'avoir à souffrir ! répondit celle-ci : cela me donne du courage et me confirme que nous ne sommes pas dans l'illusion. » Elle ajouta que c'était le moyen de faire réussir l'œuvre des Sœurs garde-malades, que le fondateur, M. Gabriel, désirait établir dans la seconde ville de France. — Liasse 10, pages 4, 5.

mêmes devenaient plus nombreuses. L'espoir
de sortir peu à peu de la gêne extrême où
elles vivaient, sous le rapport pécuniaire, les
enhardit à acheter, l'année suivante, toute la
maison de la rue Ste-Hélène, dont elles n'oc-
cupaient que le premier étage à titre de loyer.
La communauté s'y trouva plus à l'aise.
Des réparations y furent faites, et c'est aujourd'hui la Maison-Mère de la Société de
Notre-Dame de Bon-Secours.

Chose aussi très importante pour le nouvel
Institut qui n'avait encore que des règles
très sommaires : il ne tarda point à en recevoir d'autres, non définitives encore, il est
vrai, mais déjà plus complètes, approuvées,
et répondant mieux à l'esprit ou à la fin propre de ces religieuses. Le fondateur, M.
Gabriel, s'était livré activement à ce travail,
surtout après son voyage de Paris. Le nouveau règlement « soumis à l'examen de l'autorité diocésaine, le 26 août 1835, est resté
jusqu'à la fin d'octobre de la même année,
dit-il, entre les mains d'une commission
composée de MM. Cattet, vicaire général,
Montagnier, vicaire général promoteur, Mio-

land, supérieur des Missionnaires du diocèse [1]. Ayant reçu une approbation provisoire, il fut lu à la communauté et, de ce moment, réduit en pratique. »

Aux termes de ces règles, plusieurs sujets avaient subi l'épreuve suffisante pour l'admission à la prise d'habit. « Le 13 janvier 1836, dit notre chronique, M. Montagnier a fait l'examen des huit Sœurs qui lui ont été présentées par M. le Supérieur, et, les ayant trouvées capables; il les a incrites pour la vêture. La cérémonie fut fixée au 2 février suivant.

« Les Sœurs proposées étaient : Etiennette Chavent (sœur Emilie), Anne Colin, Marguerite Colin, Rosalie Fontaine, Eugénie Michaud, Marie Garnier, Thérèse Girard et Françoise Belmain [2]. »

Un peu différent du costume provisoire, porté l'année précédente, celui-ci se composait d'une robe brune, avec deux pèlerines, l'une blanche, l'autre de la même couleur que

---

[1] Depuis évêque d'Amiens et archevêque de Toulouse.

[2] Liasse 3, p. 5, 6.

la robe et ne servant que pour paraître dans les rues; d'une petite croix sur la poitrine; d'une cordelière à quatre nœuds; d'un chapelet suspendu au côté, et de la coiffure telle que les Sœurs la portent aujourd'hui. C'était, en réalité, la première prise d'habit de la communauté. Les religieuses admises à y prendre part étaient au comble de la joie. Afin de mieux se préparer, elles redoublèrent de ferveur et commencèrent, le 27 janvier, une retraite prêchée par le P. Delfour, Jésuite. Le même jour, le fondateur bénit une modeste chapelle, où les Sœurs ont eu depuis le bonheur de posséder toujours la sainte Eucharistie et d'entendre la Messe sans sortir de la maison. C'est là que fut faite, le 2 février, à neuf heures précises du matin, la vêture religieuse, suivant le cérémonial rédigé par M. Gabriel, avec autorisation des supérieurs ecclésiastiques. Un grand nombre de personnes avaient exprimé le désir d'assister à la cérémonie; mais l'exiguïté de la chapelle ne permit d'en admettre qu'un petit nombre.

M. Montagnier, représentant l'Archevêque, célébra la sainte Messe, donna le saint habit et encouragea les Sœurs par une exhortation vive et touchante. Il finit en leur témoignant, au nom du vénérable Prélat, toutes les bonnes espérances qu'il fondait sur la charité de leurs services, la générosité de leur dévouement. De son côté, M. Gabriel avait adressé aux huit Sœurs novices une instruction, dont le but était de leur faire comprendre les devoirs et les avantages de leur vocation sainte. La cérémonie se termina par le chant du *Te Deum* et la bénédiction solennelle du Très Saint-Sacrement ; dont acte a été écrit et signé, comme suit :

« L'an 1836, et le 2 février, après avoir subi le temps d'épreuve voulu par le règlement et l'examen canonique, ont été admises à la vêture religieuse de l'habit des Sœurs de Notre-Dame de Bon-Secours, par M. Montagnier, vicaire général, promoteur du diocèse de Lyon, représentant Mgr l'Archevêque d'Amasie : *Emilie* (Etiennette) *Chavent*, née à Lyon, le 11 mars 1796, à laquelle a été donné le nom de *Marie-Joseph ; Anne Colin*, née le 13 mai 1806 au Breuil, canton du Bois. d'Oingt, à laquelle on a donné le nom de

Ignace ; *Thérèse Girard*, née à St-Martin-la-Plaine, le 16 avril 1799, à laquelle on a donné le nom de *Félicité* ; *Marguerite Colin*, née au Breuil, canton du Bois-d'Oingt, le 19 septembre 1813, à laquelle on a donné le nom de *Ambroise* ; *Rosalie Fontaine*, née à Rougier, canton de Champagne, le 21 septembre 1803, à laquelle on a donné le nom de *Dominique* ; *Eugénie Michaud*, née le 14 juillet 1811 à Lirag-Chaumois (Jura), à laquelle on a donné le nom de *Cécile* ; *Marie Garnier*, née à Miribel, le 11 mars..., à laquelle on a donné le nom de *Irénée* ; *Françoise Belmain*, née à Ayre (Savoie), le 20 septembre 1811, à laquelle on a donné le nom de *Gonzague*.

« La cérémonie a eu lieu en présence de M. Gabriel, fondateur de l'établissement, chanoine honoraire de Lyon ; de M. Cotton, chapelain de l'église primatiale de Saint-Jean, secrétaire de l'Archevêché ; de M. Gourd, chanoine honoraire de Nancy, aumônier en chef de l'hospice de la Charité de Lyon ; de M. Morand, prêtre, chef d'Institution à la Guillotière ; de M. Fleury-Richard, directeur de la Monnaie, à Lyon ; de M. Pasquier, marchand orfèvre à Lyon ; de M. Paul Richard, négociant ; de M. Colombet, homme de lettres ; de M. Sauvignet, libraire à Lyon ; de M. Martin, frère-croisé à l'hôpital de Lyon ; de M. Fontaine, frère-prétendant à l'hospice de l'Antiquaille ; lesquels ont signé, ainsi que les huit novices [1]. »

Tel fut le couronnement de la première année de communauté des chères Sœurs de N.-D. de Bon-Secours.

« Date mémorable dans les annales de la Congrégation ! s'écrie l'une d'entre elles, en parlant de la cérémonie du 2 février 1836. C'est le jour où elle a pris son vol. Tout s'y élève ; tout y monte d'un degré. La religion l'a touchée, l'a consacrée ; tout s'y transforme. Ce qui tenait encore à la terre, ce qui restait encore des dehors du monde, le vêtement et le nom, tout s'efface et disparaît. C'est un monde nouveau !

« Celle que nous avons connue sous le nom d'Etiennette Chavent est devenue désormais

---

[1] Liasse 3, p. 6, 7.

la sœur Marie-Joseph. Les deux chefs de la Sainte-Famille prêtaient leurs noms à la première Mère générale d'une autre famille sanctifiée par la religion, et qui devait si bien s'efforcer de les imiter dans son administration [1] » et dans sa conduite personnelle.

[1] Reg. de 1883, p. 9, 10.

CHAPITRE V

—

ISIBLEMENT, le ciel se plaisait à combler de faveurs la communauté naissante de Bon-Secours. De nouvelles postulantes sont venues se joindre à celles qui étaient arrivées presque dès le premier jour de la fondation de l'ordre. Après douze mois à peine d'existence, cette petite congrégation, composée d'abord de neuf membres seulement, comptait déjà dix-sept sujets dans son sein.

C'était assez pour ouvrir les exercices régu-
liers du Noviciat, cette partie si importante
de la vie religieuse, où elle prend sa véritable
naissance, se développe et se perpétue. Tout
l'avenir d'un Institut est là. Aussi la Mère
fondatrice ne crut-elle pas trop faire d'accepter, avec sa charge de Supérieure générale,
celle de *Maîtresse des Novices*; et, afin de
donner pour toujours de solides bases à un
emploi si grave, elle y mit de suite la main;
elle y travailla sans relâche trois années durant, de 1836 à 1839. Ses premières compagnes, quoique très occupées de leur côté, la
secondèrent de tous leurs efforts.

Quelques-unes des nouvelles aspirantes venaient de l'Hôtel-Dieu de Lyon, attirées sans
doute à embrasser la vie religieuse par l'exemple de leurs devancières; désireuses aussi de
vivre sous la conduite de Sœur Emilie, maintenant *Mère Marie-Joseph*, pour qui elles
avaient conservé la plus haute estime et un
attachement profond. La plupart de ces filles
ont rendu d'éminents services à la Société
de Notre-Dame de Bon-Secours.

Avec quel bonheur la digne fondatrice ac-

cueillit ces premières recrues, qui lui présa-
geaient le succès de son œuvre, et le bien qui
en résulterait pour la gloire de Dieu et le salut
des âmes ! Tant qu'elle vécut, d'ailleurs, ce fût
toujours avec la même joie qu'elle vit entrer
dans sa chère famille les enfants que Dieu daigna lui envoyer. Aux jours de sa vieillesse, il lui
semblera renaître, recouvrer en quelque sorte
la vigueur de ses plus belles années, toutes
les fois que de nouvelles venues se presseront
autour d'elle, avides de s'édifier, de recueillir
chacune de ses substantielles paroles. Les religieuses de Bon-Secours, les dernières arrivées comme les premières, qui ont eu l'insigne bonheur de connaître cette vénérée Mère,
ne se souviennent-elles pas et ne rendent-
elles pas unanimement témoignage, qu'elle
les portait toutes dans son cœur ? Les regardant comme ses filles adoptives, elle les aimait indistinctement d'une affection tendre
et inaltérable. « J'en atteste Dieu lui-même »
pouvait-elle dire avec l'Apôtre [1].

Cet amour, toutefois, et l'ardent désir de

____

[1] *Philipp.* ch. 1, v. 7, 8.

voir croître la communauté ne l'aveuglaient point dans le choix des sujets à admettre. « Nous n'avons pas tant besoin, disait-elle, de sujets nombreux que de bons sujets [1]. » Pour se décider, elle considérait peu la richesse du trousseau ou de la dot. La santé même et les forces physiques, si nécessaires pourtant à des sœurs garde-malades, lui semblaient moins importantes que les dispositions de l'âme. Une humilité et une piété vraies, l'esprit d'obéissance et de dévouement, une grande franchise de caractère et beaucoup de simplicité ; voilà quelles étaient à ses yeux les meilleures marques de vocation. Du reste, elle s'en expliquait ouvertement à toutes celles qui venaient frapper à la porte de la sainte maison.

« Je veux bien vous recevoir au nombre de mes filles, leur disait-elle, mais à la condition que vous serez toujours bien humbles et soumises à toutes les Sœurs. Ce n'est ni la fortune, ni la science que nous voulons ; c'est la bonne volonté et le désir de votre propre perfection.

---

[1] Reg. 1883, page 29.

— Ne croyez pas n'avoir que des roses en religion ; je vous prédis d'avance que vous y trouverez aussi des épines. Rappelez-vous que, pour être heureuse, il faudra toute votre vie vous renoncer vous-même [1]. — Il faudra, Mademoiselle, laisser votre volonté à la porte ; consentir à vous corriger, quand on aura la charité de vous avertir de vos défauts. Voyez-vous, si vous possédez une bonne volonté, lors même que vous auriez beaucoup de défauts, vous pouvez devenir une grande sainte [2]. — Savez-vous, chère enfant, que dans notre communauté nous ne demandons que des personnes qui veulent bien obéir ? — Et ce n'est pas tout : il faut, nuit et jour, aller soigner des malades, même les plus dégoûtants ; les aider à bien mourir ; les ensevelir et les garder après leur mort [3]. »

Après avoir sondé à fond ces jeunes personnes, la Révérende Mère ne pouvait mieux leur apprendre à quelles conditions on les ad-

---

[1] Reg. 1883, page 65.
[2] Ibid., p. 176.
[3] Ibid., passim.

mettait, et de quels sentiments elles devaient être animées. De pareilles leçons ne s'oubliaient jamais.

C'est depuis lors qu'il est d'usage, et même de règle, au couvent de N.-D. de Bon-Secours, d'interroger et d'examiner les jeunes Sœurs, à leur arrivée d'abord, puis à l'époque de leur prise d'habit, et encore plusieurs fois au cours de leur Noviciat. Mais c'est surtout par le nombre et par la durée des épreuves que l'on connaît si leur vertu est solide, leur vocation véritable.

De là, trois temps ou degrés de probation à parcourir : celui des *Postulantes*, de cinq à six mois ; celui des *Novices*, de deux ans ; et celui des *Aspirantes*, de cinq ans. Au besoin, la Mère Générale pourrait prolonger chacun de ces degrés ; après lesquels, si elles en sont dignes, on admet les Postulantes à la prise d'habit ; les Novices, aux trois vœux de pauvreté, d'obéissance, de chasteté, et à celui d'aller servir les malades à domicile, même pendant la contagion ou les épidémies ; et les Aspirantes, à la profession religieuse définitive par l'émission des vœux perpétuels. Grâce à tant de sages précautions, l'institut des Sœurs garde-malades de Lyon n'a presque jamais possédé jusqu'ici que des membres ou des sujets excellents.

De quelle rare pénétration d'esprit, d'ailleurs, la fondatrice ne fit-elle pas preuve, à la tête du Noviciat! Si sain était son jugement, et si juste son coup d'œil, qu'elle avait bientôt connu à fond le caractère et les dispositions des sujets qu'on lui présentait ou qui venaient s'offrir eux-mêmes. Rarement ses appréciations, en pareils cas, se sont trouvées en défaut.

L'année 1851, une jeune fille du midi de la France avait tellement pressé une religieuse de Bon-Secours de l'aider à entrer dans la Congrégation, que celle-ci se décida enfin à l'envoyer à Lyon. A peine la Révérende Mère l'eut-elle vue et questionnée, selon l'usage, qu'elle comprit la véritable vocation de cette jeune fille, appelée, non à la vie religieuse, quelles que fussent ses bonnes dispositions apparentes, mais à vivre dans le monde, à se marier, comme l'écrivit de suite la fondatrice à celle qui la lui avait adressée. Elle renvoya poliment la jeune personne, lui disant de réfléchir encore et que l'on verrait plus tard. Celle-ci s'en retourna et, peu de jours après, elle était mariée [1].

Un jour, la Mère supérieure est appelée au parloir par une dame du monde qui vient, en personne, offrir une postulante. Croyant la mieux recommander, cette dame ne tarit pas en éloges à son sujet. A l'entendre, la fille qu'elle présente est une perfection. « Madame, répond Sœur Marie-Joseph qui a écouté attentivement, beaucoup de qualités ne gâtent rien, sans doute ; mais je vous avoue franchement que je ne crains pas quelques défauts dans une jeune personne. Il est rare qu'on puisse façonner à son aise celles qui sont si accomplies ; je préfère les former moi-même selon nos saintes règles. Voyez-vous, Madame, il est rare aussi que l'orgueil ne soit pas un peu de la partie, dans toutes ces perfections. Enfin, Madame, je la reçois volontiers, sur votre recommandation... » La jeune fille arriva bientôt. On en prit un soin particulier. Mais force fut de la renvoyer au bout de trois mois à

[1] Reg. de 1833, page 83.

peine, malgré l'indulgence dont on usa à son égard, tant elle était remplie de défauts, et de défauts incorrigibles; l'orgueil, l'indocilité, l'hypocrisie, etc. La Révérende Mère l'avait jugée telle dès son entrée à la maison [1].

Quand la vocation lui paraissait vraie, sœur Marie-Joseph n'hésitait point; elle engageait les personnes à suivre l'attrait de la grâce et à se présenter sans délai. Une des sœurs raconte que plusieurs mois s'étaient écoulés depuis sa première entrevue avec la bonne Mère, où elle avait demandé d'être admise dans l'établissement. « Je descendais de Fourvière, ajoute-t-elle, lorsque j'eus le bonheur de rencontrer notre Mère Supérieure, qui se rendait à l'Archevêché. Quelles furent ma surprise et ma joie de la voir venir au-devant de moi ! — Eh bien ! me dit-elle, avec cet accent de bonté, de simplicité que je n'oublierai jamais, jusqu'à quand ferez-vous attendre le bon Dieu, qui vous veut toute à Lui ? Allons, ma chère enfant, rendez-vous à l'appel de la grâce. » Un mois après, la jeune fille était au

---

[1] Liasse 8, page 12.

nombre des postulantes; elle est devenue religieuse, et s'en est toujours applaudie [1].

Le désir de mettre certaines âmes à l'abri des dangers du monde, et leur salut en sûreté, exerçait à son tour une grande influence sur le cœur de la Mère fondatrice, soit pour le choix, soit pour le soin des vocations. En faveur de celles qui étaient sorties depuis peu des voies du péché ou de l'erreur, elle ne craignait point quelquefois, pour ne pas les exposer au découragement, de déroger aux règles et aux usages de la communauté.

De jeunes orphelines venaient-elles se présenter : elle les accueillait avec une sorte de préférence, et les environnait d'une sollicitude toute maternelle. « Depuis longtemps j'entendais l'appel du Seigneur, écrit une des premières Sœurs entrées à Notre-Dame de Bon-Secours; mais, ayant perdu ma mère à l'âge de dix ans, je priais Dieu de m'aider à suivre sa volonté. Un ecclésiastique, à qui j'avais confié mon désir d'aller dans une Congrégation qui s'occupât du soin des malades,

---

[1] Liasse 8, p. 3.

vint à Lyon chez les Religieuses de Sainte-
Claire. Il y apprit que tout près de là existait
une communauté naissante de ce genre, et
qui avait besoin de sujets. Notre Révérende
Mère le reçut avec beaucoup de bonté, et lui
dit qu'elle suppléerait à ce qui pouvait me
manquer, pourvu que j'eusse le désir d'être
une bonne religieuse... Avec la permission de
mon père, je partis dès le lendemain... Quelle
fut ma surprise de trouver une Supérieure si
bonne!... On eut dit qu'elle voulait me faire
oublier ce que j'avais eu à souffrir de la perte
de ma mère. Elle veillait à tous mes besoins.
Mon instruction étant bien incomplète, elle
m'apprit à lire et à écrire, et avec quelle
patience, surtout au commencement! C'était,
en un mot, une véritable mère [1]. »

La veille d'une prise d'habit, une novice se
rend chez la vénérable Supérieure; et, se
jetant à ses pieds, le cœur inondé de joie, elle
lui dit : « Depuis l'âge de deux ans, je n'ai
point de mère; combien je suis heureuse de
penser que demain vous allez réellement

---

[1] Reg. 1883, p. 67, 68. Note de sœur Dosithée.

devenir ma Mère! » Les yeux de la fondatrice se remplissent de larmes ; elle relève la jeune Sœur en l'embrassant : « Oui, lui répond-elle, je vous promets d'être votre Mère ; mais vous, soyez toujours une enfant d'obéissance et d'humilité. » En toute circonstance opportune, la bonne Supérieure rappelait à sa fille la promesse qu'elle lui avait faite [1].

Les Annales du couvent renferment une foule d'autres traits semblables.

Aussi longtemps que sœur Marie-Joseph fut à la tête des Novices et de la Congrégation, elle se montra *Mère* par son application constante et sa sagesse remarquable à former ces jeunes personnes, à les enfanter à la vie religieuse. « Montez au noviciat, disait-elle aux postulantes qui arrivaient, c'est là où l'on pratique toutes les vertus, où l'on fait la guerre à tous les vices [2]. » Elle parlait de même de chacun des degrés de probation, afin d'en inspirer une haute estime. Dans cette pensée encore, elle montrait volontiers aux plus

---

[1] Reg. 1883, p. 132.
[2] Ibid., p. 87.

jeunes les fleurs qu'elle aimait à cultiver, et comparait leur âme à un jardin, à un parterre, d'où il faut extirper chaque jour les mauvaises herbes, pour n'en planter et faire croître que de bonnes [1]. Les postulantes, novices et aspirantes ne doivent donc perdre aucun des précieux instants de leur éducation religieuse, concluait et répétait souvent cette habile Supérieure et directrice.

Voulant de plus les seconder dans ce travail de spiritualité, elle consacrait la plupart de ses entretiens à leur faire connaître et mettre à profit les puissants moyens de sanctification, qu'elles avaient entre les mains. Elle leur indiquait les imperfections, les défauts à corriger, ainsi que les devoirs à remplir, les vertus à mettre en pratique. Toutefois la digne Mère insistait davantage sur quelques points essentiels, et plus en rapport avec l'esprit et les fonctions propres de l'institut de Bon-Secours. Ces points essentiels sont : la nécessité d'une vie de foi, d'une vraie et solide piété ; l'horreur et la fuite du péché,

---

[1] Ibid., p. 113.

même véniel ; l'amour de la sainte pauvreté ; la modestie ; une parfaite obéissance ; la simplicité et la franchise du caractère ; l'amour du prochain ; un zèle ardent du salut des âmes. Par dessus tout, elle recommandait l'humilité, l'exacte observation de la règle.

La vertueuse Mère pratiquait, la première et à la perfection, ce qu'elle enseignait, ajoutant ainsi à ses paroles, déjà si persuasives, une puissance merveilleuse, à laquelle ne pouvaient résister ni les esprits, ni les cœurs. « Oh ! quelle sainte ! » s'écria un jour une postulante, après l'avoir visitée pour la première fois [1]. Toutes les Sœurs, à son approche, éprouvaient la même impression.

Non contente d'instruire et d'édifier ses filles, elle les façonnait, les perfectionnait de toute manière, en les appliquant à divers emplois, où elle les suivait du regard, les aidait de ses conseils, les encourageait, ou les reprenait au besoin ; toujours cependant avec ce mélange de gravité et de bienveillance qui lui gagnait le respect et l'affection

---

[1] Reg. 1883, p. 41.

de toutes. Envoyait-elle une nouvelle Sœur
en garde auprès des malades; elle-même, tant
qu'elle le put, l'accompagnait les premiers
jours; sinon elle la confiait à une des anciennes les mieux formées. « Tandis que l'arbre
est jeune, disait-elle à ce sujet, il faut lui
donner une bonne tournure; lorsqu'il a vieilli,
il est trop tard [1]. »

Il n'importait pas moins d'affermir ces âmes
tendres, et de les faire persévérer dans la voie
où elles entraient. A cette fin, l'excellente
directrice s'efforçait encore de les prémunir
contre les illusions et l'inconstance de leur
âge, et de leur donner une idée grande et
juste de la vie religieuse, l'idée ou l'estime
qu'elle-même en avait conçue presque dès
l'enfance. Voilà pourquoi, dans ses catéchis-
mes aux novices, elle parlait très fréquemment de la vocation, écrit la sœur Léon.
« Votre vocation, mes enfants, leur disait-
elle, est une marque que Dieu a sur vous de
grands desseins, pour cette vie et pour l'autre.
Une nouvelle grâce, ajoutée à cet appel de

---

[1] Reg. 1883, p. 68.

Dieu, c'est le courage qu'il vous a donné d'y répondre. Vous avez entendu cette voix, qui ne parle qu'au cœur ; ou, si vous aimez mieux, elle a rempli votre âme, puisque vous lui avez répondu : Me voici ! Toutes ces faveurs, que l'on pourrait appeler des merveilles, nous viennent de la pure bonté du Seigneur. Il a choisi chacune de vous entre dix mille, et ce choix est au-dessus de la conception de notre entendement ; nous n'en comprendrons le prix que dans l'autre vie [1]. »

Nombre d'auteurs célèbres, qui ont écrit de magnifiques pages sur le bienfait de la vocation religieuse, ne désavoueraient pas, ce nous semble, le langage que vient de tenir la vénérée Supérieure de Bon-Secours.

Est-il étonnant qu'une si excellente Mère appréhendât par-dessus tout de voir quelqu'une de ses filles devenir infidèle, et sortir de la communauté ? Elle eût préféré, a-t-elle dit souvent, leur mort à une telle apostasie, qu'elle comparait à celle de Judas [2]. La dou-

---

[1] Reg. 1883, p. 185.
[2] Ibid., p. 50, 111, 117.

leur que lui causa cette faute, commise par
deux ou trois de ses compagnes, presque à
l'origine de la fondation, a toujours été comme
un glaive dans cette sainte âme. Le Ciel parut
châtier les basses jalousies et l'orgueilleuse
résistance des fugitives, en les laissant tomber bientôt dans une profonde misère, matérielle et morale [1]. Sœur Marie-Joseph n'en
déplora que plus amèrement leur malheureuse
défection. Ces souvenirs, et les sentiments
qu'ils réveillaient en elle, la portèrent toute
sa vie à inspirer aux jeunes Sœurs une crainte
extrême de perdre leur vocation, perte qui
entraîne à sa suite les plus grands malheurs [2].

Fallait-il opérer un renvoi : la plaie, toujours
saignante au cœur de la Révérende Mère,
semblait s'ouvrir plus large ; et elle ne se déci-
dait que le plus tardivement possible. Aussi,
lorsqu'un sujet venait à chanceler, la prudente
Supérieure différait sa décision, priant, faisant beaucoup prier, usant de tous les moyens
propres à raffermir un esprit ébranlé. « Je

---

[1] Liasse 10, p. 10-16, passim.
[2] Reg. 1883, p. 193, 194.

préfère garder une jeune personne qui a une faible vocation, mais que le bon Dieu peut fortifier, répondait-elle à ses conseillères, que de me tromper en renvoyant précipitamment, et peut-être à la légère, quelqu'un qui, avec le secours de la grâce, de la patience et du travail, aurait pu faire une excellente religieuse et rendre de grands services [1]. »

Nos documents font foi qu'elle conserva de la sorte bon nombre de Sœurs, dont on n'eut qu'à se louer ensuite. On l'a même vue consentir, contre la décision de toutes, à garder une novice très faible de complexion, mais qui avait les marques d'une bonne vocation, et sollicitait avec larmes la faveur de mourir au sein de la communauté [2].

Quels efforts ne faisait-elle pas, à plus forte raison, s'il s'agissait de retenir ou de ramener celles qui avaient cédé au découragement, ayant toutefois une vocation certaine ! Tout ce que le zèle et la tendresse peuvent suggérer à une mère, émue et inquiète, était mis en

---

[1] Liasse 4, p. 13.
[2] Ibid. 7, p. 2, 3.

œuvre. « Vous faites une grande faute, ma
fille, peut-être la plus grande de votre vie ; et
le bon Dieu vous en demandera compte »,
disait-elle à une postulante, qui, pour un motif
futile, grossi par l'imagination ou le diable,
et qu'elle ne voulait pas avouer, sortait de la
maison, quinze jours après y être entrée. Et
dès le lendemain la bonne Mère lui écrivit :
« Ce n'est pas vous que je veux, c'est votre
âme ; je la veux à tout prix. Revenez bientôt. » Six semaines s'étaient à peine écoulées,
la prétendante arrivait de nouveau, repen-
tante comme l'enfant prodigue, et promettant
de persévérer. Elle a tenu parole [1].

La vigilante Supérieure et Maîtresse des
novices aurait cru ne remplir sa tâche qu'en
partie si, à la conduite de la vocation et des
âmes, elle n'eût joint la plus constante sollicitude pour le corps, la santé et tous les
besoins matériels de ses enfants. Celles qui
étaient peu avancées en âge, ou d'un caractère timide, elle les confiait aux anciennes,
comme on avait fait pour elle, lors de son

---

[1] Reg. 1883, p. 78.

entrée à l'Hôtel-Dieu. Voulant que tout se passât suivant les usages de la maison, elle assistait au lever et au coucher des plus jeunes. Ordre formel était donné aux novices et aspirantes, revenant de chez les malades, de prendre la nourriture et le repos nécessaires. A l'imitation de sainte Thérèse, elle défendait, et d'une manière non moins absolue, les imprudences dans la pratique des mortifications et des jeûnes. Dans l'intérêt même de la vertu, disait-elle, toutes les Sœurs doivent prendre largement part aux récréations de la communauté ; s'abandonner à cette joie douce et expansive, qui n'exclut ni la gravité, ni les convenances. Etant d'une humeur très gaie, elle aimait à entretenir la gaieté parmi ces jeunes filles, et supportait avec peine les visages tristes ou abattus. Lorsque des travaux manuels avaient été prescrits, soit comme exercice, soit par économie, on ne devait s'y livrer qu'avec mesure, et ne jamais porter de trop lourds fardeaux. La bonne Mère y veillait avec soin.

Mais la tendresse de son cœur éclatait surtout quand une jeune Sœur tombait malade. Si celle-ci souffrait beaucoup, que le mal se prolongeât, ou qu'il y eût danger, c'était une épine, disait la Mère, une flèche qui lui perçait l'âme [1]. Se faisant alors infirmière, elle multipliait ses visites pendant le jour; se levait la nuit, ou venait de grand matin; préparait les remèdes, et, au besoin, consultait plusieurs médecins. Lorsqu'arrivait la convalescence, elle était encore là pour veiller sur ses chères malades et prescrire les précautions à prendre, jusqu'au parfait rétablissement de leur santé.

Comment une telle direction donnée aux novices, dès les premiers temps de l'institut de Bon-Secours, n'eût-elle pas produit d'abondants et précieux fruits? Dieu se plaisait à bénir et à féconder l'œuvre de la sainte fondatrice. Les bonnes espérances, conçues pour l'avenir de son admirable établissement, allaient se réalisant de jour en jour, par l'action qu'il exerçait et les parfums de vertu qu'il répandait au dehors; par les forces et l'extension qu'il acquérait au de-

---

[1] Reg. 1883, p. 131.

dans. Les vocations continuaient à venir
nombreuses, et la communauté à s'accroître.
En 1836, furent faites deux vêtures nouvelles,
l'une de trois et l'autre de quatre Sœurs ;
chaque année, depuis cette époque, les prises
d'habit ont toujours compté plusieurs sujets.
Quand la Mère générale cessa d'être Maîtresse
des novices, la Congrégation se composait
déjà de quarante religieuses, venues des environs, de Valence, de Montpellier, de l'Alsace,
du Puy et autres lieux éloignés ou voisins. A
sa mort, elles étaient plus de cent en communauté.

Mais le résultat le plus heureux des efforts
de la zélée fondatrice, celui qu'elle avait le
plus fort à cœur, fut d'avoir donné à l'œuvre
de Bon-Secours son véritable esprit ; de lui
avoir tracé sa marche, et préparé dignement
ses compagnes à devenir enfin religieuses
professes, par l'émission des vœux qui unissent l'âme au Seigneur, et l'attachent à son
service d'une manière si étroite. Elle-même
voulut être des premières à contracter ces
engagements sacrés, depuis sa jeunesse objet
de ses désirs.

La première cérémonie de profession faite à Notre-Dame de Bon-Secours eut lieu le 19 octobre 1837. C'est alors que la Révérende Mère Marie-Joseph et les sœurs Gonzague, Monique, Irénée, François Régis, qui avaient terminé leur noviciat et pris le saint habit l'année précédente, prononcèrent les trois vœux de pauvreté, d'obéissance et de chasteté, auxquels fut joint celui d'aller servir les malades à domicile. Pendant quelque temps, elles renouvelèrent ces vœux d'année en année; de même les autres religieuses qui les prononcèrent dans la suite. Il est aisé de comprendre avec quelle piété, quel dévouement ces humbles filles accomplirent et renouvelèrent toujours cette consécration d'elles-mêmes au service de Dieu et du prochain. La fondatrice, en particulier, considérait un tel acte, auquel elle s'était disposée de longue main, comme le plus sérieux, le plus saint de sa vie. Aussi, quand il s'agissait des vœux, n'en parlait-elle jamais à ses Sœurs, aux plus âgées comme aux plus jeunes, qu'avec des expressions qui les pénétraient toutes jusqu'au fond de l'âme. « Savez-vous, comprenez-vous,

leur disait-elle, l'importance de ce que vous
avez fait ou devez faire ?... Vos vœux sont des
serments solennels, des obligations sacrées
contractées en face des saints autels [1]. Par
eux, toutes nos œuvres et les moindres actions
de notre vie deviennent infiniment agréables
à Dieu, méritoires pour nous-mêmes. Ils nous
seront rappelés un jour au tribunal de la justice divine, où ils feront la matière principale
de notre jugement. Dans le cours de la vie
religieuse, les vœux sont autant de sources
de grâces, d'appuis solides pour la faiblesse,
de sauvegardes assurées pour la vertu en
danger. Sur ses saints engagements, mes
Sœurs, repose, comme sur une pierre angu-
laire et inébranlable, tout l'édifice de perfection, que nous devons construire ici-bas; et,
au ciel, ils seront la mesure de notre éternelle
récompense. Quel crime, quel malheur, ajou-
tait-elle, si nous venions à les violer ! Veillons
sans cesse, prions beaucoup, pour garder
intact un pareil trésor. »

Les manquements réfléchis et souvent

---

[1] Reg. 1883, p. 120.

réitérés, contre les vœux, affligeaient profondément la vénérable Mère. Elle punissait
avec une sévérité spéciale ce genre de faute,
comme plus contraire à la grâce de la vocation, et exposant à la perdre. S'il y avait scan-
dale, la pénitence devenait publique, et pouvait durer des années [1]. Périssent la nature et
l'orgueil ! pensait-elle, voulant, comme saint
Paul, à tout prix sauver les âmes.

---

[1] Reg. 1883, p. 175, 176.

CHAPITRE VI

Election de la Supérieure générale. — M. Gabriel s'éloigne de la communauté. — Costume définitif. — Achèvement des Constitutions et des Règles. — Protection de Mᵍʳ de Bonald.— Les grands Vœux.

Au point où nous en sommes de notre récit, l'établissement religieux de la rue Ste-Hélène n'a encore que peu d'années d'existence. Il est cependant déjà loin de son berceau; son adolescence est passée; voici qu'il atteint même la maturité de l'âge. Tant il est vrai que dès sa naissance il était plein de force et de vie ! L'état de gêne matérielle où nous l'avons vu d'abord, et qui parfois

inspirait des inquiétudes à l'autorité supérieure, il en a pleinement triomphé. Il a
vaincu pareillement plusieurs autres difficultés, qu'il rencontra dans la suite, comme il
arrive d'ordinaire à toute œuvre suscitée de
Dieu et bénie de sa main.

En 1838, la Communauté possédait un personnel assez nombreux pour s'affermir elle-
même davantage sur ses propres bases, en
procédant d'une manière légale au choix de
sa première Supérieure. Le 25 septembre,
des élections en forme furent faites d'après la
teneur du règlement alors en pratique. Onze
Sœurs, qui étaient professes, furent appelées
à voter, et, à l'unanimité, élurent pour cinq
ans la Mère fondatrice au Généralat, dont
elle n'avait eu encore que le titre provisoire. L'élection, accomplie en présence de
MM. Montagnier et Gabriel, fut ensuite rati-
fiée par l'administration diocésaine. Quant à
la sœur Marie-Joseph, elle accepta, avec son
humilité ordinaire, une charge qu'elle connaissait déjà par expérience, sans doute,
mais qui allait imposer à son zèle et à ses

remarquables talents des devoirs beaucoup
plus difficiles que par le passé.

Ce ne fut pas, en effet, sans un secret dessein du ciel que la Révérende Mère vit, à cette
époque, l'autorité prendre une nouvelle consistance entre ses mains, et les liens d'union
devenir plus étroits et plus forts au sein de
l'Institut de Bon-Secours. Moins de deux ans
après la nomination canonique de la Supérieure Générale, surgit tout à coup un grave
désaccord entre celle-ci et le prêtre qui avait
fondé avec elle l'œuvre des Sœurs garde-
malades de Lyon. Il s'agissait de construire
une chapelle plus spacieuse, désormais
nécessaire à la Congrégation. M. Gabriel,
homme à grandes idées, mais ardent, auto-
ritaire, voulait bâtir dans des proportions
qui devaient exiger de fortes dépenses. La
fondatrice, de son côté, modeste, timide même
par caractère, et très prudente, persistait à
alléguer le manque de ressources. Elle ne
pouvait se décider à une pareille entreprise.
Instruit du différend par un tiers bien informé
et judicieux, le conseil archiépiscopal trancha
la question en faveur de la sœur Marie-Joseph.

Jugeant d'ailleurs terminée la mission de M. Gabriel, qui depuis assez longtemps ne s'occupait plus que du matériel de la Communauté, l'Administration diocésaine le déchargea de toute supériorité, et nomma, pour le remplacer, le R. P. Colin, fondateur de la Société de Marie. Ceci arriva le 31 décembre 1840 [1].

Le changement de Supérieur n'eut pas, grâce à Dieu, les funestes conséquences que l'on aurait pu redouter. Animée d'un excellent esprit, et toujours dirigée avec fermeté et sagesse par sa Mère fondatrice, à laquelle vinrent en aide des prêtres et des religieux éminents, la Congrégation continua à prospérer, à se compléter sous tous les rapports. Ainsi en fut-il d'abord pour le costume.

Nos Sœurs avaient reconnu par expérience que leur vêtement religieux, tel que nous l'avons décrit au chapitre IV, se conservait difficilement dans la propreté convenable, surtout pendant les longues et fréquentes courses qu'elles font au dehors. De plus, sa couleur

---

[1] Reg. de 1883, p. 21-22.

impressionnait péniblement certains malades.
En conséquence, il fut décidé, après mûres
réflexions, qu'on adopterait le violet ; il répondait mieux aux vues des Sœurs, et aucune
autre communauté ne le portait. L'autorisation requise ayant été obtenue de l'archevêché, elles revêtirent toutes ce costume au sortir
de la retraite de 1843. Il devait être définitif.
Bientôt après, les professes y ajoutèrent une
croix en argent, indulgenciée de la bonne
mort pour les malades qu'elles vont soigner
à domicile.

Cependant l'activité est incessante et grandit toujours au sein de l'admirable Institution.
Ses sujets, de plus en plus nombreux, la mettent à même de répondre désormais à la multitude des demandes qui arrivent de toutes
parts. Les Sœurs portent au loin et au large
les secours d'une inépuisable charité. Elles
vont chez les pauvres comme chez les riches,
dans la cité et ses environs, dans les villes et
les campagnes. Le moment approche où la
Congrégation de Bon-Secours étendra ses
rameaux et ira fonder des colonies au delà des

limites du diocèse de Lyon. Un jour, elle franchira même les frontières de la France.

N'était-il pas urgent alors de donner à une famille si laborieuse les meilleures conditions de durée, par une discipline et des règles bien appropriées à son esprit et à sa fin, c'est-à-dire à la sanctification de ses membres, à l'exercice d'un ministère tout de charité? Jusqu'à présent, les Sœurs garde-malades avaient suivi un règlement provisoire, incomplet et à l'état de simple manuscrit. Toutes désiraient voir combler cette lacune, la Mère Supérieure surtout. « Qui pourrait dire les démarches, les prières, les supplications qu'elle fit à cette fin [1] ? »

Pour la maison de Notre-Dame de Bon-Secours, comme pour toute société religieuse appelée à une importante mission, l'achèvement des Constitutions et des Règles était chose capitale, sans contredit, et demandait des hommes d'une grande vertu, et très éclairés dans la conduite des âmes. La haute réputation d'excellents religieux et de directeurs

---

[1] Reg. de 1883, p. 24.

habiles, dont n'ont jamais cessé de jouir les Pères Jésuites, les désignait naturellement, et en première ligne, pour une telle œuvre. D'ailleurs, par suite de leur voisinage à la rue Sala, ne connaissaient-ils pas parfaitement la nouvelle Congrégation, son caractère, ses usages, ses besoins et son but? Ils l'avaient vue naître et se développer; chaque jour ils se trouvaient en rapport avec elle, et ils lui avaient déjà rendu bien des services [1].

Le P. Balandret, aumônier de la communauté depuis 1837, charge qu'il exerça durant vingt-deux ans, fut prié et voulut bien accepter de faire le travail dont nous parlons. Le zèle

---

[1] M. Gabriel qui s'était dit au début de la nouvelle œuvre : « Comment formerais-je des religieuses, moi qui n'ai aucune idée de ce genre de vie ? » semble avoir pressenti plus tard le bien que les Pères de la rue Sala feraient aux Sœurs de Bon-Secours, lorsqu'il écrivit dans ses notes : « Les Révérends Pères Jésuites, dont le voisinage est pour elles une précieuse ressource (et d'un bon présage), ont bien voulu jusqu'à présent remplir par zèle les fonctions d'aumônier, et paraissent disposés à ne point mettre de terme à leur complaisance désintéressée. » Liasse 3, page 6.

et la perfection que cet homme de Dieu y
apporta lui ont mérité en toute justice, de la
part des Sœurs, le titre de *second Fondateur*
de la Congrégation [1]. Il eut suffi, au reste, des
bons offices sans nombre qu'elles ont reçus
de sa charité, et du bien immense opéré en
elles par sa direction, pour éterniser la reconnaissance et son souvenir dans leur cœur.

Le digne religieux s'inspira principalement,
pour accomplir sa tâche, des règles de la Com-
pagnie de Jésus, revêtues tant de fois de la
solennelle approbation du Saint-Siège. Aucune
autre peut-être ne s'adapterait aussi bien à
un genre de vie religieuse, intérieure et active
en même temps, et où l'on s'occupe de soigner
les malades au dehors, comme le font souvent
aussi les disciples de saint Ignace. Esprit très
judicieux et désintéressé, le P. Balandret n'eut
garde pourtant de rejeter ce qu'avaient de
meilleur les premiers règlements, écrits et
déjà sanctionnés par la pratique. Il se fit de
plus un devoir de consulter plusieurs personnes, en particulier la Mère fondatrice, dont

---

[1] Reg. de 1883, page 25.

la sagesse et l'expérience pouvaient lui être d'un puissant secours.

Le P. Balandret s'occupa en premier lieu des Constitutions.

Il y rappelle, en commençant, que « cette petite Société, fondée sous la protection de l'Immaculée et Très Sainte-Vierge Marie, Mère de Dieu, se nomme *Congrégation des Sœurs de Notre-Dame de Bon Secours* » ; qu'elle a pour fin première de pourvoir, avec l'aide de Dieu, à la sanctification de ses membres, aux soins des malades à domicile, et surtout au salut de leur âme.

Ensuite sont indiquées les précautions à prendre pour la réception des nouveaux sujets, c'est-à-dire les épreuves ou les degrés de probation par lesquels doivent passer les Postulantes, les Novices et les Aspirantes, avant d'être admises, les premières dans la Congrégation, les autres aux vœux simples d'abord, puis à la profession.

Les Constitutions traitent en troisième lieu, et au long, de la nomination, des fonctions et des devoirs de la Supérieure générale, de la Mère des Novices, des Assistantes et de toutes

celles qui occupent les premières charges ; de
la fondation et organisation des établissements formés hors de la Maison-Mère ; en un
mot, de tout ce qui tient au gouvernement
proprement dit de la Congrégation.

Après les Constitutions, furent rédigées les
Règles Communes.

Le plus grand nombre de ces Règles con-
cerne toutes les Sœurs sans distinction. Elles
énumèrent les exercices spirituels qu'elles ont
à faire, comme autant de moyens de sanctification ; et ensuite les vertus religieuses qu'elles
doivent acquérir et pratiquer. Les rapports
extérieurs, les récréations, visites, lettres,
voyages, etc., sont également réglés ; car rien
n'est omis.

Quant aux autres règles communes, elles
s'adressent spécialement aux Sœurs qui vont
garder les malades, aux Novices, et à celles
qui remplissent dans la maison les emplois
d'Infirmières, de Sacristine, de Portière, etc.
Les devoirs de toutes et de chacune y sont
tracés en détail. Cependant le règlement
s'étend davantage sur le service des malades
à domicile, cette fonction propre des reli-

gieuses de Bon-Secours, dont elles ont tant à cœur de s'acquitter dignement.

Le tout se termine par une instruction sur la manière de rendre compte de sa conscience, et par les diverses formules des vœux.

Il importe que les Sœurs, celles en particulier que la charité appelle au loin, soient toujours accompagnées de leurs Constitutions et de leurs Règles. On se hâta donc, dès que celles-ci furent achevées, d'en faire imprimer les points essentiels dans un Manuel portatif. Le même Manuel contient en outre les actes et prières d'usage dans les principaux exercices de piété; l'office de la Sainte-Vierge et des Morts; les formules liturgiques prescrites pour l'administration des derniers sacrements, pour assister les malades agonisants; ainsi que des méthodes d'examen, d'oraison, et divers sujets de méditation.

Ce livre, véritable *vade mecum* de nos religieuses, leur fut distribué à la sainte table, immédiatement après la communion, le 4 novembre 1852. Toutes le reçurent avec bonheur et l'ont toujours considéré depuis comme un précieux trésor. Les saintes Règles qu'il ren-

ferme « seront, suivant l'expression d'une
Sœur, les témoins à charge ou à décharge
qui les accompagneront au tribunal de Dieu [1]. »
Les ayant sans cesse sous les yeux, n'y voyant
que l'expression pure de la volonté divine,
elles s'y affectionnent, et portent plus joyeusement le joug de la sainte obéissance : joug
aimable, qui réduit l'âme en une douce capti-
vité, dit saint Bernard, la charge de chaînes
glorieuses, lui impose une soumission pleine
de charmes, et un fardeau délicieux [2] !

Toutefois, avant de faire la distribution du
Manuel, le P. Balandret, comme il était de son
devoir, avait soumis son travail à l'examen de
l'Archevêque de Lyon. C'était alors le cardinal de Bonald. Son Eminence, après avoir lu
les nouvelles Règles, daigna les approuver
par écrit, le 29 juillet 1852, exhortant, en
même temps « ses chères filles, les Sœurs de
Bon-Secours, à les observer fidèlement, afin
qu'elles se sanctifient, en travaillant au soulagement du prochain. »

---

[1] Liasse 9, page 10.
[2] S. Bern. *Traité de l'amour de Dieu.*

Dès les premiers jours de son arrivée dans le diocèse, Mgr de Bonald avait honoré de sa visite la Communauté de la rue Sainte-Hélène. Il félicita et encouragea beaucoup la Mère Supérieure et ses Religieuses. Une de ses consolations dans l'immense tâche qu'il avait acceptée, leur dit-il, était de posséder à Lyon des Sœurs de Notre-Dame de Bon-Secours pour prendre soin des malades. Il avait l'espoir que les personnes, qui se serviraient de leur ministère, ne mourraient pas sans recevoir les sacrements [1]. On le vit souvent, pendant son long épiscopat, revenir à l'établissement, et toujours il lui témoignait un nouvel intérêt. Le 8 mars 1841, il voulut bénir lui-même la nouvelle chapelle de la maison, bien qu'elle fût inachevée ; et, le même jour, y présider une prise d'habit, ainsi qu'une profession religieuse [2].

L'éminent Prélat avait secondé la construction de cette chapelle. Il contribua aussi beaucoup à l'achèvement des Règles, soit en

---

[1] Reg. de 1883, p. 88.
[2] Ibid., p. 22.

maintenant à cette fin le P. Balandret, aumônier de la Communauté, soit en pressant
l'exécution de cette œuvre, en y aidant de
ses conseils.

Si, comme l'ont dit les anciens, on connaît
les véritables amis, les bienfaiteurs dévoués,
aux jours d'adversité et d'épreuve, tel fut, en
réalité, le cardinal de Bonald pour les Religieuses de Bon-Secours. Ayant appris que,
dans une famille riche, on s'était montré peu
honnête envers une de ces humbles filles, il
se rendit aussitôt, et tout exprès, à l'établissement, où il exprima la peine qu'il éprouvait
de ce qui était arrivé. Il engagea ensuite la
Révérende Mère à n'accorder désormais personne aux maisons qui ne respectent pas les
Sœurs. « On doit au moins respecter, dit Son
Eminence, leur habit et leur dévouement [1]. »

Plus d'une fois, par ses secours pécuniaires,
le généreux Archevêque tira cette Congrégation de très grands embarras. Vers l'année
1845, la détresse s'y trouva à son comble, au
rapport de la sœur Pacôme. La maison que

---

[1] Reg. de 1893, p. 89.

l'on habitait n'était pas encore payée. Outre
le capital d'acquisition, on devait de forts
intérêts, et le moment était venu de les acquitter. Mais, que faire? Les Sœurs n'avaient ni
argent, ni ressources. Le propriétaire ou le
vendeur, homme dur et avide, à ce qu'il
paraît, ne répondit à l'exposé de leur triste
situation, qu'en exigeant impitoyablement ce
qu'elles lui devaient, sinon il allait reprendre
son immeuble.

Sans se décourager, la vénérable Supérieure recourut à la prière, suivant son habitude en pareil cas, et engagea ses compagnes
à prier avec elle. S'adressant à la Sainte-
Vierge, qu'elle honorait et invoquait toujours
avec une tendre dévotion, une confiance sans
bornes, elle alla déposer les clefs de la maison
aux pieds de sa statue, et la conjura de les
garder elle-même, de sauver sa famille en
danger.

Le lendemain matin, deux des Religieuses,
députées à l'Archevêché, font connaître le
fâcheux état de leurs affaires à Mᵍʳ de Bonald.
Il ne leur faut pas moins de cinq mille francs
en ce moment même, lui disent-elles. Le

Cardinal en fut d'autant plus ému, qu'il se trouvait dans l'impossibilité absolue de fournir cette somme de sa propre bourse; elle lui manquait. Toutefois, les Sœurs sont invitées à revenir le lendemain, et à prier encore avec ferveur.

Son Eminence, en personne, fit sans tarder des démarches pour trouver l'argent nécessaire. A sa demande, une riche dame de Lyon, Mme de Bellevue, consentit à prêter les cinq mille francs, sans exiger aucun intérêt [1].

Quel soulagement et quel joie causa dans tous les cœurs l'heureuse nouvelle ! Un cantique d'actions de grâces à Dieu et à Marie fut aussitôt chanté par la Communauté entière. Vive et profonde fut aussi dans ces âmes la gratitude envers les hauts personnages, qui venaient de leur rendre un si important service. Les Sœurs de Bon-Secours sont particulièrement fidèles au culte de la reconnaissance. Toutes regardent comme un devoir sacré de la témoigner à quiconque fait du bien à leur chère Société. De là, tant de

---

[1] Reg., p. 90, 91.

prières récitées, de messes entendues, de
communions faites par elles, pendant le cours
de l'année, à l'intention des bienfaiteurs
vivants ou défunts. Le livre des Règles et
plusieurs tableaux, placés sous leurs yeux, ne
leur permettent d'ailleurs ni d'oublier, ni
d'omettre de si graves obligations. Mgr de
Bonald, en particulier, qu'elles considèrent
comme bienfaiteur insigne, n'a point cessé
jusqu'ici d'avoir part aux pieux suffrages de
la Congrégation.

Deux jours après la distribution du Manuel
aux Sœurs, la Mère Générale écrivit à l'une
d'elles, alors en garde à Bourgoin, pour l'in-
former de ce qui s'était passé. « Nous voilà
donc religieuses, lui dit-elle ; notre bon Père
Balandret nous a remis nos Règles à la sainte
Table ; nous pourrons enfin faire nos grands
vœux [1]. »

Précédemment, la Communauté ne pronon-
çait que des vœux simples, que l'on renouve-
lait d'année en année. Mais, à partir de l'époque où furent promulguées les Constitutions

---

[1] Reg. de 1883, p. 25.

définitives de Bon-Secours, les religieuses admises, après les épreuves voulues, à faire profession ont prononcé des vœux perpétuels.

La première de ces professions solennelles, celle à laquelle prit part la fondatrice, fut reçue par M. l'abbé de Serres, nommé depuis 1850 Supérieur de l'établissement, à la place du Révérend Père Colin. Il est aisé de comprendre, par les quelques mots que nous venons d'emprunter à la correspondance de la Mère Générale, avec quelles excellentes dispositions elle accomplit ce nouvel acte de consécration d'elle-même au service de Dieu. Les autres Sœurs admises aux vœux perpétuels partageaient ses sentiments. Toutes éprouvaient un bonheur inexprimable de resserrer, ou plutôt de rendre à jamais indissoluble leur union avec le divin Epoux des âmes [1].

---

[1] Liasse 9, p. 10.

CHAPITRE VII

Régularité, pieux exercices et vertus religieuses. — Exemples de la Mère fondatrice. — Devoirs prescrits chez les malades. — Maximes de la Congrégation.

DEPUIS l'heureux jour, où nos religieuses furent mises en possession du règlement définitif de la Communauté, elles ont redoublé de zèle et d'exactitude à l'accomplir. Comme les enfants d'Israël, à qui il était ordonné d'avoir sans cesse la loi sous les yeux, de la méditer attentivement [1], elles se font un devoir de conscience de relire, presque

---

[1] *Deuteron*, ch. VI, v. 6-9.

chaque jour, les saintes Règles. Elles y réfléchissent et s'en pénètrent de telle sorte, que, dans le détail de leur vie, elles arrivent à les reproduire une à une, et pour ainsi dire à la lettre. L'histoire raconte pareillement d'un illustre solitaire que chacune des pages des livres sacrés, qu'il avait lue, venait ensuite se peindre dans tout ce qu'il faisait [1].

Seule, la parfaite régularité peut faire le bonheur, l'ornement et la gloire des âmes consacrées à Dieu. Celles pour qui nous écrivons ne l'ignorent point. Veulent-elles s'en convaincre mieux? Elles n'ont qu'à se rappeler les leçons et surtout les exemples de leurs dignes supérieures.

L'excellente Mère fondatrice, en particulier, à l'école de laquelle ont passé la plupart des anciennes, ne fut-elle pas un admirable modèle, le type de l'attachement et de la fidélité aux prescriptions de la Règle? Elle n'y manqua jamais, quelque longue et laborieuse qu'ait été sa carrière. Lorsqu'arrivèrent l'âge et les infirmités, elle devançait l'heure du lever, afin

---

[1] *Vie de saint Epiphane*, par Ennode.

de se trouver à temps aux premiers exercices du matin. Tout le jour, c'était la même
ponctualité aux moindres devoirs, où elle ne
trouvait rien, disait-elle avec saint Augustin,
que de très élevé, de très méritoire pour le
ciel. Mère Marie-Joseph était en réalité esclave
du Règlement, ou plutôt, comme l'ont écrit les
Sœurs qui l'ont le mieux connue : *C'était la
Règle vivante.* Aussi jouissait-elle d'une étonnante autorité à la tête de sa fervente famille.
Une parole, un signe suffisaient de sa part ;
toutes s'empressaient d'obéir à sa volonté,
de répondre à ses désirs. L'exécution de ses
ordres offrait-elle parfois quelque chose de
pénible ? On n'hésitait pas davantage. « Ce
que commande notre Révérende Mère est difficile, pensaient ou disaient alors les Sœurs ;
mais elle le fait elle-même [1]. »

---

[1] Reg. de 1883, page 145. La Révérende Mère avait
installé trois de ses Sœurs dans une résidence nouvelle et très pauvre. Emue profondément de leur
triste situation, elle écrivit à Sœur André : « J'aurais
été très heureuse de pouvoir rester et souffrir à leur
place ; mais il m'a fallu partir... »
Lettres n° 5, 17 décembre 1854.

En toute occasion favorable, la digne Supérieure aimait à revenir sur le sujet de l'obéissance, à en parler sous différentes formes.
Elle y voyait, tantôt la meilleure pierre de
touche pour distinguer les religieuses véritables, de celles qui en ont seulement l'habit et
les apparences ; tantôt un thermomètre toujours à sa portée, disait-elle, et lui indiquant
d'une manière sûre le degré de perfection
auquel étaient parvenues ses filles. « Gardez
vos saintes Règles, s'écriait-elle souvent, et
vos saintes Règles vous garderont [1]. » C'est
le vêtement qui protège le corps ; la haie
d'épines autour du champ cultivé avec soin ;
c'est aussi la tour de défense, où l'âme se
réfugie et trouve les armes pour vaincre ses
ennemis.

« Observez bien vos Règles, répétait cette
Mère vénérée ; elles feront de vous toutes des
saintes, et même de grandes saintes [2]. » A
quoi elle ajoutait : « Les Sœurs de Bon-Secours n'ont pas besoin, pour se sanctifier, de

---

[1] Liasse 4, p. 3.
[2] Reg. de 1883, p. 118.

faire des miracles, ni d'avoir des extases. On n'exige pas non plus qu'elles se livrent aux macérations, comme les Clarisses ou les Carmélites. Ces austérités pourraient nuire à leurs pénibles fonctions de garde-malades. Mais elles peuvent et doivent toujours obéir. L'obéissance, voilà la première et la meilleure de leurs mortifications [1]. »

Chaque recommandation et presque chaque mot de la part de Sœur Marie-Joseph semblait un trait de feu, qui pénétrait jusqu'au fond des cœurs. Celles qui l'ont entendue n'en perdront jamais le souvenir. Rien ne contribuait tant à maintenir parmi elles une régularité parfaite.

Entre les devoirs imposés à nos Sœurs par les *règles communes*, se trouvent en première ligne les exercices de piété à faire : chaque jour, chaque semaine, chaque mois et chaque année. Ce sont : les prières vocales du matin et du soir, l'oraison, l'assistance à la sainte messe, la réception des sacrements, la direction spirituelle, et divers examens de

---

[1] Reg. de 1883, *passim*.

conscience; les retraites et le renouvellement des vœux; plusieurs pratiques de dévotion enfin, spécialement celles en l'honneur de Marie, à qui la Congrégation est vouée et rend un culte tout filial.

Les chères filles de Bon-Secours, qui ont faim et soif de Dieu, affectionnent beaucoup ces saints exercices et les mettent en tête de leurs plus douces obligations. Comme ils sont de règle, elle les préfèrent volontiers à toute autre pratique de dévotion, et sont exactes à s'en acquitter aux époques, aux heures prescrites. L'ardeur, avec laquelle on les voit s'y rendre, est celle du cerf altéré courant aux fontaines d'eau vive; et elles les font avec cette attitude grave, ce profond recueillement, dont la Mère fondatrice n'a cessé de leur donner l'exemple. Les meilleurs instants du jour, au gré de ces âmes ferventes, sont ceux qu'elles consacrent à remplir les devoirs de piété.

De quelle abondance de grâces ne sont-elles pas comblées, pour leur propre sanctification et pour l'accomplissement de leur ministère, en se montrant ainsi toujours fidèles

aux pieux exercices et aux règles qui les im-
posent! Plusieurs de ces saintes pratiques ont,
en effet, la vertu de guérir les plaies de la
conscience, de la purifier de ses moindres
taches, de détruire jusqu'aux défauts de la
nature mauvaise. Elles remplissent en même
temps le cœur d'un bonheur et d'une paix qui
se reflètent au dehors et répandent sur le front
une douce sérénité, dont les influences sont
singulièrement salutaires. Par l'assiduité aux
autres exercices de règle, l'âme est rappelée
au dedans d'elle-même, elle reprend des forces
et sent croître son ardeur ; puis, semblable à
l'oiseau que soutiennent et emportent ses
ailes, cette âme s'élève vers Dieu, et s'unit
à lui par les liens d'un amour et d'un dévouement sans partage.

De là, chez les Filles de Bon-Secours,
l'esprit de foi qui les anime, la pureté d'intention qui surnaturalise leurs pensées, éclaire
et dirige chacun de leurs pas et de leurs actes.
Elles ne voient que Dieu en tout, sa Providence, ses perfections infinies, et ne cherchent que sa plus grande gloire. Avec ces
sentiments, en suivant cette voie, les âmes

les plus humbles, les plus ignorées, celles que trop souvent le monde dédaigne, deviennent l'objet des complaisances du Seigneur et de ses grâces privilégiées. Cé Maître souverain de toutes choses se plaît à leur communiquer des lumières, une puissance d'action, qu'il refuse d'ordinaire aux sages et aux riches du siècle, aux dominateurs des nations. Jésus-Christ l'a hautement proclamé et en a rendu gloire à son Père [1]. Les religieuses de Bon-Secours, du reste, ne savent-elles pas que, hors des réalités de la foi chrétienne, des mérites dont elles s'enrichissent pour le ciel, et des éternelles récompenses qui leur sont réservées, elles ne trouveraient dans les plaisirs, les louanges et les richesses d'ici-bas, que peines et déceptions, en retour des durs labeurs, des privations sans nombre qu'elles ont embrassés et supportent de si grand cœur.

Ainsi entendue et mise en pratique, la piété n'a rien que d'excellent, de divin en quelque sorte. C'est une piété, non d'humeur ou de circonstance, mais selon *l'esprit et la vérité*.

---

[1] *Saint Luc*, chap. x, v. 21.

« *Utile à tout* [1] » suivant l'expression de saint
Paul, elle inspire les apôtres, fortifie les mar-
tyrs, élève et agrandit l'esprit et conduit à
bonne fin les saintes entreprises. Telle la
voulait et l'enseignait à ses Filles la vénérable
fondatrice de Notre-Dame de Bon-Secours,
leur disant, comme saint Ignace à ses religieux, que les pieux exercices doivent principalement les rendre aptes à glorifier Dieu, à
convertir, à sauver les pécheurs.

Puissent les leçons d'une directrice si éclairée et si sage être recueillies un jour, avec
ses conférences et ses lettres, et placées sous
les yeux des jeunes Sœurs de l'Institut ! Que
celles-ci surtout les méditent, les savourent à
loisir, et s'efforcent d'en conserver le souvenir ! Non seulement s'en exhalera pour elles
le parfum de la vraie dévotion, mais chacune
y trouvera un stimulant énergique à acquérir
toutes les vertus de sa sainte vocation.

Ces inappréciables vertus religieuses, que
les chères Sœurs désirent tant posséder, parce
qu'elles les regardent comme leur plus riche

---

[1] *Timoth.*, ch. iv, v. 8.

parure, sont énumérées en détail au livre des Règles, après les exercices de dévotion. La route leur est donc tracée et ouverte. Qu'elles la suivent ; et, soutenues du secours de Dieu que leur obtient la prière, elles ne laisseront rien, ainsi qu'il leur est recommandé « de tout ce qu'elles peuvent acquérir [1] » des trésors de la vie spirituelle. Qu'elles n'omettent aucun de ces nouveaux devoirs ; ils les conduiront, comme autant de dègrés ou d'échelons sûrs et faciles, aux plus hauts sommets de la perfection.

Et d'abord, l'obéissance aveugle d'esprit et d'action les dépouille du jugement et de la volonté propres si sujets à l'erreur, de l'amour déréglé d'elles-mêmes et du vain désir d'être estimées des créatures. L'angélique pureté, la modestie et les privations les affranchissent de la plus avilissante des tyrannies. Par la rupture des liens du sang, ces âmes se transforment. Dieu est le centre de toutes leurs affections ; en lui seul désormais elles aimeront leurs parents, leurs amis, leurs semblables

---

[1] *Manuel des Sœurs*, p. 248.

quels qu'ils soient, d'une égale charité. Ayant fait vœu enfin d'une pauvreté rigoureuse, et la chérissant comme *une mère*, elles vivent séparées et libres de ce que les mondains recherchent avec ardeur et appellent fortune, propriétés, jouissances.

Ces solides bases d'abnégation, de renoncement absolu, ainsi posées, comme l'ordonne Jésus-Christ [1], auteur et modèle par excellence de la perfection, les chères Sœurs travaillent, avec tout le zèle dont elles sont capables, à l'édifice de leur sainteté; édifice qui s'élèvera haut, et dont leurs vertus constitueront les matériaux essentiels. Ce sont, en premier lieu, les vertus requises pour vivre en communauté : un sincère attachement à la Congrégation, qui est devenue leur véritable famille ; la docilité et le respect des inférieures envers toutes celles qui les dominent par l'âge ou l'autorité ; et, de la part des Sœurs chargées d'emplois particuliers, une scrupuleuse exactitude, de laquelle dépendent l'ordre et le bien-être de l'Institut, de même

---

[1] *Saint Luc.* chap. XIV.

que la santé du corps est le résultat du bon fonctionnement des organes et des membres.

Mais combien encore n'importe-t-il pas à la conservation et au bonheur d'une société religieuse, dont la plupart des sujets sont fréquemment envoyés au loin, que des liens étroits, une union forte et presque indestructible existent entre eux ! Tel est le motif *du commandement nouveau,* que le Sauveur appelle le sien, et qu'il imposa d'une manière absolue à ses Apôtres, à toute son Eglise, avant de les quitter, de les disperser à travers le monde. « Aimez-vous les uns les autres, leur dit-il, comme je vous ai aimés moi-même [1]. » Il pria ensuite, et obtint à ses disciples d'être unis, au point de ne faire qu'*un,* comme dans l'adorable Trinité les trois personnes divines font un seul Dieu [2]. Spectacle admirable de charité fraternelle, d'union des esprits et des cœurs, qui, à la naissance du Christianisme, ravissait les païens mêmes et en convertissait un grand nombre !

---

[1] *Saint Jean,* ch. XIII, v, 34.
[2] *Ibid.,* chap. XVII, v. 11.

C'est aussi pour ce motif que plusieurs points du règlement des religieuses de Bon-Secours les obligent à aimer d'un amour vrai et constant « leurs Sœurs en Jésus-Christ », à les supporter avec douceur et patience; au besoin, à les secourir pour le corps et pour l'âme. La gaieté et l'aisance doivent toujours régner dans leurs rapports mutuels. Les amitiés particulières, ainsi que les susceptibilités, les jalousies, et tout ce qui pourrait contrister les cœurs, en sont impitoyablement bannies. Elles s'interdisent, avec non moins de rigueur, les rapports extérieurs, voyages, correspondances, visites et autres, capables d'affaiblir l'esprit de communauté.

Ici revient à notre pensée le souvenir de la Mère fondatrice, de celle qui fut si longtemps, par son action et ses exemples, l'inspiratrice et la gardienne de la bonne harmonie au sein de sa chère Congrégation. Nous avons dit son esprit de foi, d'abnégation et de pauvreté; son étonnante fidélité à la Règle; sa ferveur dans la prière, et cette dévotion tendre à Marie qui lui fit choisir l'Assomption pour sa propre fête, et témoigner souvent le désir d'être inhumée aux pieds de la statue de la Ste-Vierge.

Mais la vénérable Supérieure a encore excellé par une affection, un dévouement sans bornes pour sa famille religieuse et pour chacun des membres qui la composent. Là est le véritable secret de l'immense influence dont elle a joui, de son habileté administrative et du bien incalculable opéré par elle. Toutes ses Sœurs, sans exception, lui étaient chères. Qu'elles fussent éloignées ou à Lyon, elle ne les perdait pas un instant de vue, s'intéressait vivement à ce qui les concernait et voulait en être informée, de vive voix ou par lettres. Elle les accompagnait, les aidait partout de ses conseils et de ses prières; se réjouissait, était fière en quelque sorte de leurs succès auprès des malades et plus encore de leurs progrès dans la vie intérieure. Quelques-unes venaient-elles à être visitées par l'affliction? Elles recevaient de la bonne Mère les plus touchants encouragements, des consolations toujours efficaces. Pour celles qui tombaient malades, on la voyait redoubler de sollicitude et de soins. Si, dans le monde, certaines personnes se montraient injustes ou peu convenables, soit envers la Société de Bon-Secours, soit à l'égard de ses membres, la digne Supérieure prenait énergiquement leur défense [1]. Voulant être tout entière à son œuvre et à ses Sœurs, elle n'écrivait aucune lettre, ne se permettait aucune sortie, aucune visite inutile, ou qui aurait pu causer des pertes de temps.

D'un extérieur toujours grave et recueilli, sœur Marie-Joseph avait cependant l'âme très aimante ; une exquise bonté, et même, avons-nous dit, un caractère enclin à la gaieté, à l'enjouement. Elle était d'ailleurs d'une simplicité et d'une droiture rares. On a parlé, il est vrai, de quelque sévérité ; mais c'était une sévérité pleine de justice, naissant d'une haute estime du devoir, et s'exerçant sans dureté,

---

[1] En 1848, lors de la Révolution de février, la fermeté de Mère Marie-Joseph eut bientôt délivré sa maison des insurgés, qui accusaient les Sœurs de recéler des armes chez elles, et, sous ce sot prétexte, les empêchaient d'aller soigner les malades. « Voilà nos armes, leur dit-elle, montrant son chapelet et sa croix, nous n'en avons pas d'autres. » Reg. de 1883, p. 60.

sans fiel, ni acception de personne. D'ailleurs, cette disposition ne tardait point à faire place à l'indulgence, à un complet oubli des manquements reconnus ou réparés ; et, l'affection, loin d'en souffrir, semblait au contraire y gagner. De même, les torts envers elle étaient vite pardonnés et mis en oubli. Fallait-il donner un avis, réprimander, découvrir des défauts ou des travers ? elle le faisait sans blesser, et ce n'était jamais sans fruit. Accessible à toutes et à toute heure, la bienveillante fondatrice prévenait souvent celles des Sœurs, que la timidité ou d'autres causes empêchaient de l'aborder. Elle accueillait ses filles et les écoutait d'un air affable ; ouvrait adroitement les cœurs qui lui paraissaient fermés ; n'interrogeait et ne répondait qu'à propos ; et, quel que fût le sujet de l'entrevue, personne ne la quittait sans se sentir content, réconforté.

Comment une telle Mère n'eût-elle pas conquis l'amour de ses enfants spirituelles, à qui elle rendait douce l'obéissance et faisait chérir leur saint état ? Comment n'eût-elle pas réussi à maintenir parmi elles l'union et la paix, qui répandent tant de charmes sur la vie de com-

munauté ? Cette union et cette paix, elle se
prenait parfois à. les dépeindre sous les plus
agréables couleurs, souhaitant avec effusion à
la maison de Bon-Secours d'en jouir pleinement et à tout jamais. C'est le plus grand
bonheur ici-bas, disait-elle; c'est un insigne
bienfait, ou plutôt « c'est le ciel sur la terre [1] ! »
On ne goûte une telle félicité qu'au sein des
vraies familles religieuses, dont les membres,
quelque nombreux qu'ils soient, se connaissent tous, s'estiment et s'aiment. Tout est
commun entre eux : car l'isolement si pénible
dans le monde, l'égoïsme plus funeste encore
et si fréquent néanmoins parmi les riches,
même entre les parents, les frères, ne peuvent
exister en une société, où les plus avancés en
âge, comme les plus jeunes, sont heureux de
se voir, de se rencontrer après leurs travaux,
de parler ensemble et à cœur ouvert du présent et du passé de l'Institut auquel ils
appartiennent, du bien qui a été accompli,
des succès qui ont été obtenus. C'est là que
pleins d'émulation et de zèle, s'édifiant mutuel-

---

[1] Reg. 1883, p. 148.

lement, tous ne font, au sens vrai du mot, qu'un cœur et qu'une âme en Jésus-Christ, en Dieu [1].

Entre autres moyens efficaces de conserver la bonne intelligence, la Mère Supérieure voulait que, selon la lettre du règlement, les Sœurs fussent toutes réunies et prissent les récréations ensemble ; qu'elles ne s'y permissent ni critiques, ni paroles blessantes. Elle exigeait par-dessus tout qu'on ne se laissât point aller à la dissimulation, à la taciturnité, encore moins à la tristesse : « Ce démon de la tristesse, qui cause tant de ravages dans les âmes ! » s'écriait-elle. Aussi,

---

[1] Mère Marie-Joseph écrivait ces belles paroles, le 10 février 1862 : « Pour moi, ma gloire et mon bonheur, c'est que toutes mes religieuses soient dignes de leur vocation ; que toutes s'aiment comme de véritables sœurs ; que les inférieures soient soumises à leurs Supérieures, ainsi que le recommande saint Paul ; que toutes soient unies en Dieu. Je mourrais contente, si je voyais tous les cœurs ne faire qu'un. Pour cela, il faut que chacun mette du sien, en se renonçant et en se sacrifiant pour le bien de ses Sœurs ; car il ne pourra jamais exister de lien de charité, sans sacrifice de part et d'autre. » — Lettre n° 5.

dès qu'elle apercevait quelqu'un de ces défauts,
on la voyait s'approcher, se mêler aux groupes,
aux entretiens des Sœurs, et, par son extérieur ouvert, par son esprit et ses paroles
agréables, elle parvenait sans peine à dérider
les fronts, à faire entrer la gaieté et la joie
dans les cœurs[1].

Tant de marques d'amour ne donnaient-elles
pas à la vénérée fondatrice le droit de redire
à ses chères filles la parole adressée par le
divin Maître à ses disciples : « Aimez-vous
les unes les autres, comme je vous ai aimées
moi-même ? » Pour toutes, n'a-t-elle pas
été, ne sera-t-elle pas toujours un modèle
parfait de la charité fraternelle, d'une union
étroite, et des autres vertus nécessaires à la

---

[1] Reg. de 1883, p. 145. « Affligée de ce mal cruel, que
l'on nomme *la goutte*, écrit sœur Stanislas, nous
voyions cette vénérée Mère venir péniblement aux
récréations avec son air de bonté et toujours sou-
riante, ayant un petit mot gracieux pour toutes en
général, et pour chacune de nous en particulier, surtout pour celles sur qui son regard pénétrant avait
vu quelque chose de sombre. Aussitôt que notre
Mère paraissait, les figures s'épanouissaient, et la
joie entrait avec elle.

vie de communauté ? Qu'elles s'efforcent donc de marcher sur ses traces !

Qu'elles imitent aussi ses exemples et achèvent par là l'édifice de leur sanctification, en pratiquant, en second lieu, les vertus qui ont rapport au soin des malades à domicile ! Cet important ministère, auquel les attache un vœu spécial, fait à son tour l'objet de plusieurs points du règlement, qu'elles aiment « à relire, à se rendre familiers en quelques sorte [1]. » Nous avons eu lieu déjà, au chapitre IV de cet ouvrage, de montrer en quelle estime elles tiennent ces devoirs, avec quelle édifiante fidélité elles les remplissent. De nouveaux détails aideront à mieux connaître le dévouement de ces saintes filles, et l'étendue du bien qu'elles font.

---

[1] *Manuel des Sœurs*, p. 304. La Rév. Mère rappelait souvent ces points de la règle et y ajoutait les recommandations les plus édifiantes et les plus pratiques. Elle comparait les religieuses de Bon-Secours au Bon Pasteur, courant à la recherche des pauvres brebis égarées et s'efforçant de les saisir jusque dans les étreintes de la douleur, dans les angoisses de l'agonie, entre les bras de la mort.

La Sœur « désignée pour aller en garde » sait que sa vocation l'oblige non seulement à aimer Dieu, mais à travailler de tout son pouvoir à le faire aimer et servir. Elle accepte donc « avec joie cette sainte occupation », quitte « sans plainte ni murmure » sa douce solitude, pour voler au secours du prochain, comme fit Madeleine, lorsque Jésus ressuscité l'envoya consoler ses disciples. Peut-être « aura-t-elle beaucoup à souffrir : mais elle se félicite d'avoir une si bonne occasion de glorifier le nom du Seigneur, de mettre plusieurs vertus en pratique, surtout l'humilité, l'abnégation d'elle-même [1]. »

Alors paraissent mieux, et semblent prendre plus d'extension, la foi vive, la pureté d'intention puisées par nos Sœurs dans leurs exercices de piété. Sentant tout à la fois leur faiblesse et la gravité de la tâche à remplir, elles ne partent qu'après avoir imploré le secours de Dieu et des saints Anges. Tant que durent leurs travaux, la prière les accompagne. Les actes mêmes qu'elles font, les fati-

---

[1] *Manuel des Sœurs,* p. 289.

gues, les peines qu'elles endurent, deviennent autant de puissantes supplications, parce qu'elles les offrent au bon Maître, et qu'elles tiennent leurs cœurs élevés vers lui, tout en paraissant ne s'occuper que de choses matérielles. Au retour, elles prient encore, rendant grâce au ciel du bien accompli, ou des mérites acquis au milieu des épreuves.

L'âme profondément pénétrée de l'excellence et du surnaturel d'un ministère, que le Sauveur a lui-même exercé par des miracles, et qu'il a transmis à ses Apôtres avec la prédication de l'Evangile, ces bonnes Sœurs se montrent, dès leur arrivée au chevet des malades, pleines de prévenance, de douceur et d'une patience inaltérable. Ce sont, en toute vérité, *des mères tendres, des filles respectueuses, des religieuses enfin, et non des mercenaires.* Leur service actif, mais intelligent, les rend attentives à prévenir les désirs, à entrer dans les moindres détails, sans trouble toutefois, ni précipitation. Tout occupées à leurs fonctions d'infirmières, elles observent la plus entière discrétion, évitent de faire des rapports, de recevoir ou de rendre des visites, de s'ingérer dans les discussions politiques et religieuses, ainsi que dans les affaires de famille. Garder la modestie et la gravité du maintien, souvent même le silence, qui constitue *leur clôture à elles*, disait la fondatrice, afin de ne point fatiguer les malades, mais de les édifier et de leur inspirer la confiance; ne manquer cependant ni d'affabilité, ni d'obligeance : tel est l'esprit propre, telle est la règle de conduite d'une Sœur de Bon-Secours.

A table, elles mangent ordinairement seules, se contentent de la nourriture qu'on leur offre, et ne donnent aux repas que le temps nécessaire. Elles n'acceptent des malades, ou autres personnes, aucun don, aucun dépôt d'argent, d'objet précieux, ni de papiers d'affaires.

En vue du salut de l'âme, auquel elles s'intéressent par-dessus tout, leur activité, leurs efforts auprès des mourants ne connaissent point de mesure. Elles apparaissent alors comme de nouveaux anges gardiens, comme les précurseurs et les puissants auxiliaires du prêtre, soit par un savoir-faire tout spécial, soit surtout par le zèle qu'elles apportent à

10

adoucir aux moribonds, par une sainte mort,
le terrible passage du temps à l'éternité. Ren-
contrent-elles des cœurs endurcis, rebelles à
la grâce, jusqu'au dernier moment : supplications, pénitences, sacrifices de tout genre,
rien n'est épargné, afin d'arracher à l'enfer
ces infortunées victimes de Satan et des passions. Ni les malades difficiles à soigner, ni
les pécheurs obstinés ne cessent d'être chers
à ces saintes filles ; parce que, voyant toujours
en eux Jésus-Christ en personne, elles se
trouvent dans l'heureuse nécessité, suivant
la pensée de la fondatrice [1], de travailler, de
se mortifier davantage pour ce bon Maître [2]. Si
quelques-uns venaient à mourir impénitents,
nos Sœurs porteraient même la charité, par
amour encore pour Jésus, jusqu'à rendre les

---

[1] Reg. de 1883, p. 105, 106.

[2] « Oh ! mes bonnes Sœurs, disait l'éloquent évêque
de Poitiers, Mgr Pie, parlant à des religieuses garde-
malades : auprès d'un homme pécheur, qui tout à
l'heure va rendre compte à Dieu de sa vie entière,
comme tous les instants sont précieux ! Chaque
minute est grosse de tout le poids d'une éternité.
Une parole, un geste, un regard peuvent toucher
ce cœur, y rouvrir les sources desséchées du senti-

derniers devoirs à leurs tristes restes. Tout d'ailleurs demeurerait enseveli dans le secret de Dieu et un profond silence, qu'elles garderaient par obéissance, ne parlant jamais au dehors, ni de leurs peines, ni des refus éprouvés [1].

Mais pareil malheur, assurent-elles, ne leur est pas encore arrivé. Jusqu'ici, les Sœurs en revenant de garde n'ont eu qu'à se réjouir, avec leurs compagnes et les anges du ciel, des succès obtenus. Avec quelle effusion de cœur elles en rendent grâces ! « Remercions le bon Dieu, s'écriait toute transportée la Mère Marie-Joseph, apprenant la conversion d'un pécheur mourant, opérée par une de ses filles. Voilà nos meilleures consolations !... Mais rapportons-en toute la gloire à Celui qui

---

ment chrétien ; en faire jaillir les élans de la foi, de l'espérance, de l'amour. Cette âme, qui va se détacher des liens de la chair, mes Sœurs, c'est à vous qu'elle devra d'avoir retrouvé le chemin du ciel ; ce corps, que vous ne pouvez disputer plus longtemps à la mort, c'est à vous qu'il devra de revivre glorieux et incorruptible. » (Discours du 28 septembre 1864.)

[1] *Manuel des Sœurs*, p. 103.

veut bien se servir de nous, pauvres petites religieuses, pour travailler à sauver des âmes. Remercions aussi Notre-Dame de Bon-Secours, et redoublons de confiance en elle[1]. »

Le spectacle des vertus pratiquées par ces dignes religieuses et les admirables fruits de leur ministère de garde-malades, n'ont pas peu contribué à faire naître une généreuse émulation pour la même œuvre, jusque parmi les personnes chrétiennes du monde. Il y aura toujours, dans cette vallée de larmes, tant de souffrances à soulager, de pauvres à nourrir, comme l'a dit Jésus-Christ, que les cœurs compatissants et pieux ne sauraient s'y trouver en trop grand nombre.

Nous venons de pénétrer au plus intime de l'admirable Congrégation de Notre-Dame de Bon-Secours. Nous avons touché, en quelque sorte, à ce qui constitue son essence, son âme et sa vie. Exposons, après cela, quelques-unes des Maximes fondamentales, sur lesquelles repose l'Institut, et qui dirigent chacun de ses membres.

---

[1] Reg. de 1883, p. 110.

Parfaitement convaincues de cette vérité évangélique : *Une seule chose est nécessaire* [1], les Sœurs n'ont en vue que leur propre salut et celui de leurs chers malades.

Animées de cette pensée unique, elles ne font entr'elles *qu'un cœur et qu'une âme* [2], par l'amour divin qui les unit étroitement, par le désir ardent et les efforts de toutes, pour atteindre à la perfection religieuse, et procurer le bien spirituel du prochain.

Afin de gagner à Dieu des âmes, elles ont singulièrement à tâche : *d'être partout la bonne odeur de Jésus-Christ* [3], de se faire *tout à tous* [4], de pratiquer une patience à toute épreuve.

La conversion d'un seul pécheur cause parmi elles, et dans le cœur de chacune, *de même qu'au ciel, plus de joie, que la persévérance de quatre-vingt-dix-neuf justes* [5].

Sont-elles persécutées, malades, ou dans

---

[1] Saint Luc, ch. x, v. 42.
[2] Act. ch. iii, v, 13.
[3] II Corinth., ch. ii, v. 15.
[4] I Corinth. ch. ix, v. 22.
[5] Saint Luc, ch. xv, v. 7.

quelque autre affliction : elles s'estiment très heureuses, se souvenant de cette parole : *Réjouissez-vous, car une immense et éternelle récompense vous attend dans les cieux* [1].

---

[1] Saint Math. ch. v., v. 12.

CHAPITRE VIII

Demandes nombreuses de fondations. — Prudence et fermeté des Sœurs dans l'envoi des colonies. — Elles vont s'établir à Saint-Marcellin, à Mâcon, à Romans, à Saint-Chamond, à Fribourg, à Villefranche. — Epreuves des nouvelles maisons. — Soins et encouragements des premières Supérieures.

LA réputation excellente et si bien méritée, dont jouissent nos religieuses de Bon-Secours, les a suivies depuis longtemps, à la trace de leur charité et de leurs pas. Elle est aujourd'hui répandue au loin, et partout où ces généreuses ouvrières de Dieu ont été vues à l'œuvre, on les a dignement appréciées, ainsi que le bien qu'elles opèrent [1].

De là, le désir manifesté par une foule de localités, par des villes considérables, telles que Nice, Grenoble, Montpellier, Mâcon, Fribourg, Annecy, Autun, Dijon, etc., de voir s'établir, dans leurs murs, des colonies

---

[1] Il est peu de jours où la Maison-Mère ne reçoive, de vive voix ou par lettre, les éloges les plus flatteurs, de la part de personnes et de familles de tous rangs, affirmant qu'elles ne peuvent se féliciter assez, elles et leurs chers malades, des bons offices reçus des Sœurs. Ces témoignages de la reconnaissance publique confirment, de la meilleure manière, le grand nombre d'approbations et d'encouragements donnés à l'Institut de la rue Sainte-Hélène, d'abord par NN. SS. de Pins, de Bonald et Ginoulhac, archevêques de Lyon.

Plus récemment, M. Dutel, curé d'Ainay et supérieur de l'établissement de Bon-Secours, s'exprimait ainsi, le 10 novembre 1882 : « Le bien que ces Sœurs ont fait et font encore est immense ; c'est pourquoi elles ont conquis la confiance du clergé et des fidèles, dans le diocèse de Lyon et les autres diocèses, où elles sont établies. » Enfin, le 18 décembre de la même année, le cardinal Caverot écrivait : « Cette Congrégation rend dans notre diocèse et ailleurs les plus éminents services. » — Circulaire de Mère Léon, supérieure générale.

d'une Institution si précieuse. Presque dès l'origine, des demandes de fondations ont été faites à la Maison-Mère. Ces demandes sont allées se multipliant d'année en année ; et présentement on en compte plus de cinquante, dont plusieurs ont donné lieu à d'actives démarches.

Si la Communauté de la rue Sainte-Hélène n'eût suivi que les inspirations du zèle, elle aurait cédé, sinon à toutes ces sollicitations, du moins aux plus pressantes. Mais, autant par prudence que par modestie, elle a pour principe de conduite, de se tenir sur la réserve à cet égard, de fuir le trop grand éclat, et de ne jamais présumer, ni d'elle-même, ni de ses forces. Elle n'ignore point, au reste, l'expérience le lui apprenant chaque jour, combien il en coûte pour réussir dans les nouvelles fondations, même celles qui offrent les plus belles apparences.

Cette extrême circonspection se manifesta surtout les premières années de la Société de Bon-Secours. La Mère fondatrice, timide par caractère, et voyant que la plupart de ses sujets étaient jeunes encore et très occupés

malgré leur nombre, ne se hâta point de
créer de nouveaux établissements. D'un autre
côté, les Supérieurs ecclésiastiques lui con-
seillaient de ne rien précipiter, mais de s'appliquer d'abord à fortifier ses religieuses et
son noviciat [1]. Loin donc d'intriguer, afin
d'attirer de nouvelles demandes, la sage
Supérieure différait de répondre à celles
qui lui arrivaient, examinait longuement et
presque toujours refusait d'accepter. Elle voulait établir solidement, disait-elle, et ne pas
exposer ses filles à quitter bientôt un endroit
où elles auraient eu beaucoup à souffrir, tout
en y faisant peu de bien; tandis qu'ailleurs
leur présence serait très profitable.

Ainsi dirigée par l'esprit de sagesse, la
Révérende Mère Supérieure n'envoyait une
colonie en fondation, que quand le succès lui
paraissait assuré. Depuis sa mort, il en a
toujours été de même dans cette Congrégation. Mais, une fois l'entreprise décidée, sœur
Marie-Joseph agissait avec une fermeté et
une constance remarquables. On l'a vue, en

---

[1] Reg. 1883, p. 88.

pareil cas, lutter contre de hauts dignitaires ecclésiastiques, qui, après avoir favorisé une création importante, y mettaient des entraves [1]; ou bien voulaient circonscrire l'œuvre de Notre-Dame de Bon-Secours dans des limites et sur un terrain trop resserré [2]. Sans hésiter, l'humble et courageuse fondatrice passait outre.

L'année 1841, elle fit un premier envoi de ses Sœurs à Saint-Marcellin, diocèse de Grenoble. Le Curé du lieu lui en avait adressé la demande, sur les instances de quelques personnes charitables de sa paroisse, lesquelles désiraient ardemment créer, en faveur des malades de la ville, et laisser après elles une Institution durable et féconde en fruits de salut. L'affaire examinée et débattue, on convint de part et d'autre que la Supérieure générale enverrait de Lyon trois religieuses, et que celles-ci seraient logées chez Mlle Drevon, l'une des bienfaitrices, jusqu'à ce qu'on

---

[1] Lettre nº 2, 25 octobre 1860. — Lettre nº 5, 17 juin 1860.

[2] Les limites du diocèse de Lyon.

leur eût procuré une habitation convenable. Les premières Sœurs envoyées à Saint-Marcellin furent sœur Thérèse, supérieure de l'établissement; sœur Ambroise et sœur Monique. La prise de possession se fit le 21 novembre, fête de la Présentation de la sainte Vierge, jour bien choisi pour inaugurer un ministère de charité et de sacrifices.

Ces bonnes filles ne tardèrent point à être occupées au soin des malades. Le travail devint si considérable, que de Lyon on dut bientôt leur adjoindre de nouvelles compagnes. Elles sont aujourd'hui au nombre de six, et peuvent s'occuper des pauvres et des riches de la localité. Deux ans après la fondation, M. de la Bâtie, un des soutiens principaux de l'œuvre, voyant quel bien en résultait, voulut la fixer et rendre définitif le séjour des bonnes Sœurs dans la ville. Il ajouta en conséquence à ses premiers dons celui d'une maison, composée de sept pièces, avec un jardin, du linge et des meubles [1].

Huit ans plus tard, deux prêtres du diocèse

---

[1] Liasse 1, *passim.* — Reg. 1883, p. 87.

d'Autun, hâbitant Mâcon, l'un M. Taillant,
curé de la paroisse Saint-Pierre, et l'autre
M. Larchet, aumônier de la Visitation, résolurent, de concert avec Mesdames Borde et
Pageot, de doter cette ville d'une maison de
Notre-Dame de Bon-Secours. A leur demande
ils joignirent la promesse de fournir le logement et les meubles, au moyen de souscriptions volontaires. La Révérende Mère générale agréa la proposition, et s'engagea de son
côté à donner de suite quatre Sœurs. Tout
étant donc convenu et préparé, elle partit de
Lyon avec les Sœurs Gertrude, Augustin,
Louis et Hélène, qu'elle installa les premiers
jours de décembre 1849. Sœur Gertrude fut
nommée Supérieure. « Je vais vous laisser ici,
mes enfants, gardiennes de nos saintes Règles, leur dit la bonne Mère au moment de
les quitter. Gardez-les bien... Vous trouverez,
dans l'exacte observation de votre Règle, la
force et le courage dont vous avez besoin au
milieu des peines et des traverses que le
bon Dieu ne manque jamais de verser sur les
œuvres qu'il bénit. Croyez bien que toute
œuvre, que le bon Dieu aime et approuve,

est appelée à essuyer beaucoup de tribulations ; et vous ne prospérerez qu'à la condition de supporter avec patience toutes les
épreuves inséparables de cette fondation... »

Pendant une année presque entière, les
Sœurs de la résidence de Mâcon furent appelées très rarement auprès des malades. Mais
tout à coup, par l'effet de circonstances mer-
veilleuses que nous aurons l'occasion de
raconter, leur dévouement se fit jour ; et l'indifférence, ou plutôt les préjugés injustes du
monde se dissipèrent. De tous côtés, dès lors,
on réclama leurs services, en sorte que le
personnel dût être plus que doublé. Aux
anciennes Sœurs on en a même ajouté depuis
une nouvelle, destinée spécialement à s'occuper des malades pauvres de la ville ; ce qui
place cet établissement en première ligne,
parmi les plus importants de la Congrégation [1].

Une troisième fondation, qui, à son tour,
a pris un développement considérable, fut
faite à Romans, département de la Drôme, en

---

[1] Liasse 2, *passim.*

l'année 1856. Mère Thérèse, d'abord Supérieure à Saint-Marcellin, y vint au même titre, avec les Sœurs Irénée, Colombe et Elizabeth. L'installation eut lieu le 20 du mois de septembre. Une personne zélée et pieuse de la ville, mademoiselle Pigeron, non contente d'avoir fait elle-même les premières démarches près de la Maison-Mère de Lyon, voulut à ses propres frais pourvoir les Sœurs d'une habitation, avec les meubles et autres choses indispensables pour commencer. Cette localité est aujourd'hui occupée par un personnel de treize religieuses [1].

Une quatrième colonie, comprenant la Mère Borgia, maîtresse des Novices depuis plus de vingt ans, les Sœurs Pauline et Désirée, partit de Lyon au mois de juin 1861, et alla s'établir à Saint-Chamond, près Saint-Etienne en Forez. Plusieurs habitants notables de cette ville avaient longtemps pressé les Sœurs de Bon-Secours de venir résider au milieu d'eux. Cédant enfin à ces instances, nos religieuses s'engagèrent pour leur part à se pro-

---

[1] Reg. de 1883, p. 87.

curer un logement et des meubles. De leur côté, bon nombre de bienfaiteurs, en particulier ceux que l'on nomme *la grande Famille de Saint-Chamond*, promirent de contribuer largement, comme ils l'ont fait, à couvrir une partie des frais d'installation. Les Sœurs habitèrent en premier lieu, à titre de locataires, chez M. Frédet, docteur médecin, et l'un des zélateurs de l'œuvre. Elles achetèrent ensuite la maison qu'elles occupent maintenant au nombre de huit [1].

Saint-Chamond fut la dernière fondation de la Révérende Mère Marie-Joseph. Outre que la conduite de telles entreprises et le soin de nouvelles localités ajoutaient beaucoup à sa tache de Supérieure générale, le poids des années et les infirmités résultant des fatigues d'une administration déjà longue, se faisaient sentir à elle de plus en plus. D'ailleurs les travaux des Sœurs chez les malades n'avaient jamais été aussi multipliés qu'à cette époque, comme en font foi plusieurs lettres écrites

---

[1] Reg. de 1883, p. 87, et Liasse x, p. 21. Lettre de la Mère Rose, 17 mai 1887.

alors par la bonne Mère. Elle ne pouvait donc songer à d'autres créations de ce genre.

Les Supérieures qui lui ont succédé se sont vues à leur tour en face d'obstacles nombreux, et peut-être plus difficiles à vaincre, par suite des événements politiques et religieux du temps. Néanmoins, les demandes continuant toujours à leur arriver, elles ont consenti depuis peu d'années à entreprendre deux fondations nouvelles.

La première a été faite l'année 1879, à Fribourg en Suisse, sous la Mère Emilie, première Supérieure générale de la Congrégation, après la fondatrice. Diverses personnes généreuses de la ville ont concouru à cette Œuvre. Mais elle est due surtout à M. Piton, docteur-médecin, à Mesdames veuve de Wec et Gendre, sa fille, et à Mme de Rénold. Ces bienfaiteurs, qui avaient sollicité et obtenu l'envoi des Sœurs, ont fourni eux-mêmes, avec d'autres membres de leurs familles, l'ameublement et le linge ordinaire de la maison. Trois religieuses, savoir : Sœur André, comme Supérieure, Sœur Léon et Sœur Scholastique, sont arrivées de Lyon à Fribourg,

11

et ont pris possession le 26 du mois de mai. Logées en location, elles ont payé pendant quelque temps leur loyer à l'aide de souscriptions particulières [1].

La seconde résidence n'a été fondée qu'en 1886, à Villefranche, diocèse de Lyon, sur les instances plusieurs fois réitérées de M. Dubost, curé de la paroisse Notre-Dame de cette ville. Aux termes des conventions passées d'avance, ce digne prêtre a fourni les objets les plus urgents pour la première année. De leur côté, la Maison-Mère et les diverses localités de la Congrégation ont aidé l'établissement à se pourvoir des autres choses nécessaires. La Révérende Mère Rose, aujourd'hui Supérieure générale, mit Sœur Cyprien à la tête de cette maison, et lui adjoignit les Sœurs Gabriel et Denise. Ces trois religieuses prirent possession le 28 juin, et jusqu'ici l'œuvre parait obtenir un heureux succès [2].

Quelques autres fondations, tentées soit du

---

[1] Lettre de Sœur Rose, Supérieure générale, 17 mai 1887.

[2] Ibid.

vivant de la Mère Marie-Joseph, soit depuis son décès, ont dû être abandonnées, à raison des difficultés qu'elles offraient et du peu de résultat que l'on pouvait espérer pour l'avenir.

Au reste, si les établissements, dont nous venons de parler, ont réussi, ce n'est qu'en passant eux-mêmes par de rudes épreuves. N'est-ce pas toujours le partage des œuvres « que le bon Dieu aime et approuve », ainsi que le disait, avec une sorte de pressentiment, la vénérable fondatrice aux Sœurs qu'elle venait d'installer à Mâcon ? [1] L'institut de Bon-Secours ayant commencé et grandi dans la pauvreté, dans des peines de tout genre, écrivait-elle aux mêmes Sœurs, en une autre circonstance, ses filles et les colonies qu'il enfante pourraient-elles être d'une condition différente [2] ? Quiconque partage avec les Apôtres, et reçoit comme eux de Jésus la mission, soit de soulager et de guérir ceux qui souffrent, soit de sauver les âmes, doit

---

[1] Liasse 2, p. 2, 3.
[2] Ibid. p. 9.

s'attendre à ne moissonner dans l'allégresse, qu'après avoir semé dans les larmes [1].

Les Sœurs, lorsqu'elles arrivaient à leur poste, n'ont souvent trouvé pour demeure qu'une maison étroite, malsaine, ouverte même à la pluie et à tous les vents. D'autres fois, elles manquèrent des meubles les plus indispensables ; ou bien ils étaient en très petit nombre, et quelques-uns en si mauvais état, qu'ils ne se soutenaient qu'à force de clous, d'appuis ou de pièces rapportées [2]. Ailleurs, faute de ressources, ces humbles filles manquèrent longtemps de choses plus essentielles encore. La pénurie se fit sentir surtout à celles qui étaient en loyer, ou qui, ayant acheté une maison et fait les réparations urgentes, devaient payer d'abord des intérêts, et ensuite un fort capital. Où trouver toutes ces sommes d'argent ? Certaines résidences, au lendemain de l'installation des Sœurs, ne possédaient en bourse que sept francs, d'autres trois francs seulement. La

---

[1] Psaume 125.
[2] Reg. de 1883, p. 85.

Maison-Mère, si peu à l'aise de son côté, fut longtemps dans l'impuissance de venir en aide. Du dehors, les secours se faisaient aussi beaucoup attendre, ou étaient très insuffisants. Le ministère même des Sœurs, lorsqu'elles n'étaient appelées que rarement pour soigner les malades, allégeait à peine leur triste situation; il l'aggravait au contraire, quand elles devaient assister des indigents, et c'était l'ordinaire.

Plusieurs religieuses de Bon-Secours furent réduites alors à apprendre un métier, et, comme l'apôtre saint Paul, à se livrer à des travaux manuels, afin de n'être point à charge et de pouvoir subvenir elles-mêmes aux plus pressants besoins de leurs maisons. Encore, les gains réalisés étant très faibles, il fallait joindre au travail continuel la plus rigoureuse économie. Les provisions de bouche, toujours peu considérables, s'épuisaient vite; et, pour les faire durer davantage, force était aux bonnes Sœurs de ne prendre chaque jour que deux repas de la plus stricte frugalité, jusqu'à ce que la charité publique, informée de leur misère, s'occupât de les secourir. Ces

privations, décrites au long dans les annales
de l'Institut, rappellent en quelque manière
celles des premières Mères de la Congrégation, et même des anachorètes les plus austè-
res de l'ancienne Thébaïde. Ajoutons, pour
ne rien taire de la vérité, que plus d'une fois,
au milieu de tant de souffrances, les dignes religieuses eurent encore à subir de poignantes
douleurs, causées par l'indifférence, la répul-
sion et les paroles dures, avec lesquelles
on accueillait leur admirable dévouement [1].

Celles des Sœurs de Bon-Secours, à qui est
confiée de préférence la tâche délicate et
laborieuse de poser les bases d'une nouvelle
localité, doivent toujours, aux termes des
Constitutions et suivant l'esprit de l'Ordre,
être choisies parmi les âmes les plus avancées
et les mieux affermies dans la vertu. C'est
dans une foi vive, capable en quelque sorte
d'opérer des miracles ; dans l'habitude de la
prière, contractée dès le Noviciat et à l'école
des anciennes, qu'elles cherchent et rencontrent le courage et les forces dont elles ont

---

[1] Liasse 2, passim.

besoin pour vaincre tous les obstacles, et faire prospérer leur œuvre. Elles savent qu'elles sont aussi puissamment aidées et soutenues par les conseils, les encouragements et les soins, que leur prodiguent les premières Supérieures, en particulier la Révérende Mère générale. Pour celle-ci, en effet, ce n'est pas seulement un devoir, mais une satisfaction de cœur d'écrire à ses chères filles des diverses résidences, de les visiter, de parcourir leurs lettres, de prendre part à tout ce qui peut leur arriver, agréable ou fâcheux. Sont-elles dans l'affliction, malades ou réduites à une extrême pauvreté? Elle ne manque jamais d'accueillir et de saluer leurs plaintes par de maternelles consolations ; ses gémissements et ses larmes viennent se mêler aux leurs ; à l'exemple de la vénérée fondatrice, elle affirme même qu'elle préfèrerait souffrir seule tout ce qu'endurent ses enfants [1].

Ces religieuses, de leur côté, émues de tant d'affection et de tendresse, éprouvent pour la bonne Mère le plus filial abandon. Quelle

---

[1] Lettres n° 5, 17 décembre 1854.

joie s'empare d'elles à la nouvelle d'une prochaine visite de la vénérée Supérieure! Quelle fête à son arrivée! « Je puis dire que, quand notre Mère fondatrice venait à Mâcon, écrit sœur Michel, nous en étions transportées de bonheur. Elle avait pour toutes un mot d'encouragement et de bonté; nous la retenions le plus longtemps possible; nous n'aurions pas voulu nous en séparer. Nous portions envie à celles de nos compagnes qui vivaient auprès d'elle. Ses visites nous remplissaient d'ardeur et de force pour la vertu [1]. » A défaut de visites, les lettres des Supérieures de Lyon produisent elles-mêmes les meilleurs effets dans les maisons de résidence. On les lit, on les relit avec avidité. Reçues comme si elles descendaient du ciel, de Dieu même, la piété s'y complaît, s'y édifie; dans la prospérité, elles doublent la joie; dans la tristesse, elles relèvent et dilatent les cœurs. On reprend ensuite le travail avec plus d'activité; ou bien, pour emprunter la belle expression d'une Sœur : « On se remet à souffrir en silence

---

[1] Reg. 1883, p. 36.

et avec résignation à la sainte volonté de Dieu [1]. »

Mais c'est dans les sacrements et les autres exercices spirituels que l'âme chrétienne puisera toujours en abondance les grâces de lumière, de consolation et de force, dont elle a sans cesse besoin ici-bas. Aussi quelle diligence les premières Supérieures ne mettent-elles pas à procurer aux sujets des divers établissements les moyens sûrs d'accomplir les devoirs religieux, les pieuses pratiques de règle ! Bien plus, elles les invitent, chaque année et avec insistance, à venir au sein de la communauté se recueillir et se retremper dans la retraite. Quelques-unes des Sœurs, s'il le faut, ou si elles le demandent, quittent les résidences et rentrent à la Maison-Mère, ce berceau chéri de leur vocation, où elles reçoivent un bon accueil et tous les témoignages dûs à leurs généreux services. Toutes celles enfin, à qui l'excès de fatigue, l'âge ou les infirmités ne permettent plus de soutenir au dehors la lourde tâche ou les pénibles tra-

---

[1] Liasse 2, p. 9.

vaux du zèle, sont sûres de trouver au foyer de leur famille religieuse et près de la Révérende Mère Supérieure, avec le calme et les soins que réclame leur état, le temps propice pour se préparer mieux à couronner leur vie par une sainte mort.

CHAPITRE IX

APRÈS l'établissement fait à St-Chamond, la Révérende Mère Marie-Joseph dirigea quelques années encore la Congrégation de Bon-Secours, en qualité de Supérieure générale. Si elle-même n'avait pas eu la pensée première de cette grande œuvre, du moins fut-elle presque seule a en soutenir longtemps le poids, à la guider dans sa marche et à lui faire prendre d'admirables développements. N'était-il pas bon et très heureux

que la fin d'une vie si remplie d'expérience,
et que Dieu semblait prolonger à dessein, fût
consacrée à peu près tout entière à mettre
la dernière main à une telle entreprise ? C'est
pourquoi apparemment la Communauté, qui,
en 1838, avait élu la fondatrice Supérieure
pour cinq ans, suivant la règle, la maintint
depuis lors à sa tête, sans songer à un autre
choix.

Cependant la vénérable Mère a manifesté
déjà plusieurs fois le désir d'être relevée de
sa charge. Elle insiste de nouveau, alléguant,
comme l'attestent nos annales et sa correspondance, son âge, ses infirmités graves,
et surtout les craintes vives qu'elle éprouve
d'être désormais bien au dessous de sa tâche.
De nouvelles élections eurent donc lieu à la
Maison-Mère, le 20 octobre 1864. Personne,
parmi les religieuses admises à voter, n'eut
la pensée de porter son suffrage ailleurs que
sur la sœur Marie-Joseph. En conséquence,
elle fut, comme la première fois, élue à l'unanimité Supérieure générale.

Assurée dès lors que tel était le bon plaisir
de Dieu, la Révérende Mère reprit ses fonc-

tions administratives de grand cœur, et avec
la ferme résolution d'employer le temps et les
forces qui lui restaient, à parfaire le plus
possible l'ouvrage qu'elle avait déjà si fort
avancé. Elle s'appliqua d'abord et principalement à exciter de nouveau ses sœurs à la
piété, à l'exacte observation des saintes Règles et au zèle de leur perfection. Ses entretiens
particuliers, ses avis et ses remontrances,
les conférences publiques, elle faisait tout con-
verger vers ce but. Ses nombreuses lettres,
déjà si pieuses d'habitude, et en même temps
si spirituelles et si pleines d'aménité, exhalè-
rent depuis ce moment un parfum plus abon-
dant encore d'édification, résultat nécessaire
des pensées saintes, des sentiments de foi,
des sages conseils, qu'elles renferment toutes.
Jamais elle ne laissa paraitre pour ses filles
une affection plus intense, les appelant presque toujours *Les Miennes*; les chérissant,
comme une Mère des enfants qui lui ont
beaucoup coûté. D'aussi loin qu'elle en apercevait quelques-unes, elle les reconnaissait
de suite, les considérait avec complaisance
et avec une sorte de fierté, disait-elle, en voyant

leur bonne tenue, la gravité, la modestie de leur démarche. Elle ne manquait pas d'en bénir le bon Dieu [1].

L'extrême tendresse de la bonne Supérieure était largement payée de retour. « Nous comprenions tout l'intérêt que nous portait notre Révérende Mère, écrit à ce sujet une des Sœurs. L'attachement pour elle était si grand de notre côté, que l'on disait dans les familles, où nous étions connues : jamais nous n'avons vu des religieuses aimer leur Supérieure, comme les Sœurs de Bon-Secours aiment la leur. Que vous a donc fait votre Mère, disait-on encore, pour que vous l'aimiez tant [2] ?

Ce qu'elle faisait ? Nous venons de le dire : elle aimait ses filles la première, mais d'un amour d'autant plus ardent et plus vrai, qu'il était basé uniquement sur Dieu, sur l'esprit d'humilité, de mortification et de sacrifice [3] ;

---

[1] Reg. de 1883, p. 139. Note de Sœur Valentine.

[2] Ibid.

[3] Sœur Marie-Joseph écrivait, le 12 septembre 1864, à une Sœur qui l'avait félicitée de sa réélection au généralat : « Vous me dites que je n'ai plus qu'à jouir. Vous avez raison, et vous avez tort. Pour moi,

en un mot, sur la sainteté, vers laquelle tendait plus que jamais cette grande âme. Au
témoignage de plusieurs Sœurs du même
temps, on ne distinguait la fondatrice de ses
compagnes qu'à son air de bonté, à son extérieur simple et pauvre. « Elle se faisait si
petite qu'on avait peine à l'apercevoir [1]. » Ne
pas paraître était son bonheur, au point que,
pour la trouver, il eut fallu descendre et la
chercher au dernier rang. Elle accomplissait
à la lettre la parole de l'Evangile [2] : Quiconque, entre vous, veut être le plus grand, occuper d'une manière digne la première place,
doit se mettre à votre service, devenir comme

---

je ne vois que la jouissance d'une humiliation, dont
j'ai dû profiter pour la rémission de mes péchés ;
mais, malheur à moi ! si j'ai converti le remède en
poison. Quant au gouvernement de la communauté,
il est toujours de même. Seulement, je peux dire :
Vous pouviez vous débarrasser de moi ; que ne l'avez-
vous fait ? Enfin, ma consolation est toute dans cette
pensée : J'approche de mon terme ; et, quand il sera
venu, si le bon Dieu veut bien compter mes peines,
je le remercierai de me les avoir envoyées. Tout est
là ! le reste n'est rien. » Lettres nº 5.

[1] Reg. de 1883, p. 139, et alibi.
[2] Saint Math., ch. XX, v. 25, 26, 27.

votre esclave. Parmi les chrétiens, au sein d'une communauté religieuse surtout, la bienveillance, l'abnégation des supérieurs, à quelque degré de la hiérarchie qu'ils appartiennent, font toujours aimer, respecter leur autorité et leurs personnes. Tout autrement en est-il, d'après l'Evangile encore, des chefs et des princes des nations, qui dominent par le faste et commandent par la force.

A la fin du généralat de Mère Marie-Joseph, sa communauté reçut d'autres preuves sensibles de l'affection et du zèle qui la consumaient. Elle travailla activement, grâce à l'augmentation des ressources pécuniaires, à mieux installer la Maison de la rue Sainte-Hélène. Cette maison subit des réparations et des agrandissements notables, très nécessaires d'ailleurs. Les appartements furent plus multipliés, mis en meilleur ordre, et pourvus de meubles convenables. L'ancienne chapelle, bénite en 1841, était depuis longtemps insuffisante, vu le nombre toujours croissant des religieuses. On fit, en 1867, l'importante acquisition de celle toute voisine des RR. PP. Jésuites de la rue Sala. Peu de

jours après, le 29 octobre de la même année,
douze postulantes, que la Révérende Mère
comparait agréablement aux douze Apôtres,
leur recommandant toutefois de prendre garde
qu'il ne se trouvât point de Judas parmi elles,
prenaient le saint habit dans cette nouvelle
chapelle. M. l'abbé de Serre, Supérieur, et le
R. P. Monbure, Jésuite, présidèrent la cérémonie [1].

Toutes ces améliorations matérielles et
spirituelles furent le digne couronnement de
la longue et laborieuse administration de la
sainte fondatrice ; son cœur en était vivement
réjoui. Se rappelant alors le passé, en particulier les origines si humbles et si pauvres de
l'Institut, et les comparant au présent, quelle
émotion n'éprouvait-elle pas ! « Qu'avons-
nous vu et que voyons-nous ? pouvait-elle
s'écrier avec Bossuet. Quel état, et quel état !
Je n'ai pas besoin de parler, les choses parlent assez d'elles-mêmes..... Admirez ces
grands changements de la main de Dieu. Il

---

[1] Rég. de 1883, p. 50.

n'y a plus rien ici de l'ancienne forme; tout est changé au dehors [1]. »

D'autres projets importants, qu'elle eût voulu réaliser, la préoccupaient encore. Mais le temps s'écoule vite. Déjà la Révérende Mère va atteindre sa 74ᵉ année, âge bien avancé pour une complexion non des plus robustes, et qui a passé par tant de travaux, de fatigues et de peines de toutes sortes. Consumée par une fièvre lente, à bout de forces, elle sent de jour en jour s'éteindre en elle l'ardeur et la vie, et s'approcher à grands pas le terme suprême. « Priez bien pour moi, écrivait-elle le 6 janvier 1869, afin que je ne pense qu'à me sanctifier et à me préparer à mourir; car c'est là tout et le seul nécessaire [2]. » Revenant sur ce sujet, en conversation et dans ses lettres, elle parlait souvent de ses infirmités croissantes, de sa fin prochaine, ou du néant des choses de la terre. C'était assez, vu son caractère timide, la déli-

---

[1] Sermon pour la profession religieuse de Mᵐᵉ de la Vallière. Exorde.
[2] Lettres nᵒ 3.

catesse de sa conscience, pour réveiller ses anciennes appréhensions, et lui inspirer de nouveau le désir, ou plutôt la ferme résolution de se démettre sans retard d'une charge qu'elle remplissait depuis trente-quatre ans.

Disons-le aussi, puisque l'occasion s'en présente : à la suite de la guerre d'Italie, en 1859, cette âme, si croyante et si dévouée à l'Eglise romaine, souffrit étrangement des persécutions dirigées contre le Saint-Siège [1], et, en même temps, des ravages causés, jusque dans les lieux les plus saints, par l'esprit et les doctrines révolutionnaires de notre époque. Non contente de gémir, sœur Marie-Joseph tremblait pour sa propre famille religieuse, où elle se hâtait d'étouffer le mal dans son germe, dès qu'il semblait poindre quelque part. De là cette pensée qui la poursuivait et

---

[1] La Révérende Mère pria et fit beaucoup prier ses compagnes pour Pie IX. Ses lettres nous apprennent qu'elle leur distribua en diverses circonstances le portrait du Pape, si violemment persécuté, afin qu'elles ne l'oubliassent pas dans leurs pieux exercices, disait-elle; « qu'elles s'unissent à ses souffrances, en souffrant avec lui. »

lui faisait dire qu'il fallait une autre main, une main plus ferme ou moins débile que la sienne, pour vaincre les difficultés présentes, diriger la Congrégation de Bon-Secours et lui faire éviter les écueils.

Toujours humble et prudente, elle consulta toutefois, afin de s'éclairer. Le plus grand nombre voulaient la retenir encore dans sa charge. Mais quelqu'un, dit-on, entrant dans ses vues, lui conseilla la retraite. A cette parole, qui fut à ses yeux comme un trait de lumière, le signal de la délivrance, sa décision est prise. Elle va de suite se démettre de toute supériorité et d'une manière irrévocable, aux pieds du cardinal de Bonald. L'éminent Prélat, qui d'autres fois avait fait revenir la respectable Mère sur une pareille détermination, céda à cette dernière démarche et accepta la démission définitive, fortement motivée. Ceci arriva vers le milieu du mois de juillet, en l'année 1869.

Le 28 août suivant, les Sœurs de Notre-Dame de Bon-Secours, convoquées par ordre de l'autorité diocésaine, se réunirent à la Maison-Mère de Lyon, afin de procéder à la

nomination d'une nouvelle Supérieure générale. Elles élurent, en place de la Mère Marie-
Joseph, la sœur Emilie, qui gouverna pendant
douze ans [1].

Nos religieuses, pour la plupart, espéraient
conserver la bien-aimée fondatrice à la Maison-
Mère, où elle les édifierait par ses exemples,
les aiderait de ses sages conseils et de sa
longue expérience. On l'en pria instamment.
Elle-même, loin de refuser ses services, s'offrit à en rendre à l'occasion. Mais, par clair-
voyance et délicatesse, afin de ne gêner en
rien le gouvernement qui succédait au sien,
elle préféra disparaître, en s'éloignant de la
communauté, et même n'y plus revenir,
comme ont fait Jésus-Christ et d'anciens
prophètes à l'égard de leurs disciples. Il lui
suffisait, pensa-t-elle, de rester unie de cœur
à ses chères filles, de leur avoir légué son
esprit et de continuer à les assister de ses
prières. Ce fut à Francheville, dans le voisinage d'Oullins et non loin de Lyon, qu'elle
résolut de se retirer. La Congrégation de

[1] Liasse 4, p. 5, 7.

Bon-Secours possède en ce lieu une modeste maison de campagne, acquise en 1853 [1], et destinée à recevoir les religieuses fatiguées ou malades. Sœur Marie-Joseph s'y rendit donc quelques jours avant les élections, avec deux ou trois Sœurs, que l'on eut la délicate attention d'y entretenir, en les chargeant d'environner de leurs soins la vénérable fondatrice.

Tous les membres de la Congrégation, désolés du départ d'une telle Mère, la suivirent en esprit dans sa solitude, lui faisant constamment cortège par leurs sentiments de respect, de vénération et d'amour. Souvent les Sœurs y allaient en personne. Depuis ce moment, et tant que vécut la bonne Mère, Francheville devint le rendez-vous favori de toutes, le but habituel de leurs promenades. Les premières Supérieures ne pouvaient mieux récompenser ces chères filles, leur être plus agréables, que de les envoyer, pour quelque motif que ce fut, à la campagne. Qu'elles s'y rendissent individuellement ou par grou-

---

[1] Lettres n° 5 ; 10 septembre 1853.

pes, elles éprouvaient toujours le même bonheur. Elles regardaient les moments, les jours consacrés à ces visites, comme de véritables fêtes; et, à leur gré, ces fêtes ne se renouvelaient et ne duraient jamais assez. Nous n'en finirions pas s'il fallait raconter en détail chacune de ces pérégrinations, les touchantes scènes qui s'y passaient, les douces et pures jouissances que goûtaient nos religieuses autour de leur admirable Mère. Avant de la quitter, elle se jetaient à ses pieds, la priant de les bénir; elles ne se relevaient qu'après l'avoir obtenu, et ne s'éloignaient que les larmes aux yeux, le cœur plein de courage et se promettant de revenir bientôt [1].

La vénérable fondatrice éprouvait de son côté un indicible bonheur à revoir ses filles spirituelles. La joie paraissait sur son front et dans ses regards dès la première nouvelle de leur visite; à leur arrivée, elle les accueillait toujours à bras ouverts et le sourire sur les lèvres. Après une première entrevue, où elle témoignait à toutes un maternel intérêt, elle

---

[1] Reg. de 1883, p. 43.

les invitait *aimablement* à parcourir les environs de la maison de campagne, à s'y récréer
tout à leur aise. Elle-même, tant qu'il fut en
son pouvoir, les accompagnait, les excitait à
la gaieté. Délicates attentions, paroles agréables, intéressants récits, petites friandises
même réservées d'avance pour ses chères
filles, rien n'était omis de ce qui fait plaisir
et dilate les cœurs. A elle, comme aux Sœurs
qui venaient la visiter, ces journées, ces
heures paraissaient trop courtes; et il lui
arriva de demander à les prolonger, tant elle
aimait à se retrouver en famille. Reprenant
alors, pour ainsi dire, ses anciennes fonctions
de Supérieure ou de Directrice, elle ne manquait guère, avec son esprit si perspicace,
d'étudier encore, de pénétrer à fond les caractères et les âmes, surtout chez les jeunes
novices. Aux unes, elle donnait d'excellentes
leçons, de salutaires avis; aux autres, étaient
prodigués les encouragements et les consolations. Plusieurs lettres, adressées à la même
époque, soit à des Sœurs absentes, soit à des
personnes dévouées à la Congrégation, prou-
vent aussi combien la Mère fondatrice affec-

tionna, jusqu'à sa mort, l'œuvre de Bon-Secours, qui fut constamment l'œuvre de son cœur. Il nous en coûterait de ne pas citer la suivante, qu'elle écrivit, le 12 décembre 1867, à un bienfaiteur de son Institut :

« MONSIEUR,

« Sœur Blandine demande que je lui écrive, et je ne puis me rendre à ses désirs, sans vous adresser quelques mots pour vous témoigner ma gratitude pour toutes vos bontés envers nous. Vous ne doutez pas de l'intérêt que je porte à une œuvre que j'ai enfantée et nourrie de mes soins l'espace de trente-quatre ans. C'est donc à moi que se rapporte tout le bien qu'on lui fait, quoique j'en sois éloignée de corps. Je prie Dieu de tout mon cœur de répandre ses plus abondantes bénédictions sur les personnes charitables qui veulent bien l'aider à se dégrever de ses dettes, et à supporter les infirmités que nos bonnes Sœurs contractent au service des malades.

« Daignez agréer.... Francheville [1]. »

---

[1] Reg. 1883, p. 102, 103; et Lettres, n° 2.

L'air pur et les autres agréments de la maison de campagne en avaient fait depuis longtemps le séjour préféré de la Mère fondatrice. Elle y était allée plusieurs fois dans le cours de sa supériorité. A la fin encore, d'après l'avis des médecins et le désir des Sœurs, elle y passa quelques semaines, dans l'espoir, malheureusement déçu, de recouvrer des forces [1]. Les nombreux témoignages d'affection, dont elle devint l'objet en ce lieu de la part de ses filles, durent le lui rendre de plus en plus agréable. Mais le principal attrait, pour cette sainte âme, fut de trouver là le calme, le temps et tous les moyens de s'occuper désormais de Dieu seul et d'elle-même. Ayant compris qu'elle ne pouvait guérir, que son terme approchait, *son unique nécessaire*, disait-elle, était de se préparer, *de faire sa retraite, pour paraître devant Dieu* [2]. La fervente piété que manifesta alors sœur Marie-Joseph, le haut degré de perfection qu'elle atteignit, achevèrent d'illustrer sa

---

[1] Liasse 4, p. 5.
[2] Reg. 1883, p. 51.

belle vie, en projetant sur ses derniers jours un éclat et des charmes bien supérieurs à ceux que reçoivent des rayons du soleil les plus belles soirées d'été ou la fin d'un splendide automne.

Fidèle aux exercices de chaque jour, comme l'eut été une simple novice, elle passait en outre de longues heures, profondément recueillie et pour ainsi dire abîmée en Dieu, à la chapelle, où elle était heureuse de posséder Jésus présent dans l'Eucharistie. La sainte messe, que le prêtre desservant de Francheville ne venait dire que de loin en loin à la maison de campagne, elle allait, malgré ses infirmités, et quelque temps qu'il fît, l'entendre chaque matin à l'église paroissiale. A toute autre personne, dix minutes eussent suffi pour s'y rendre. Mais elle, vu ses grandes douleurs, en particulier de fréquents accès de goutte, mettait parfois, surtout dans les derniers temps, une demi-heure à franchir la distance. « Elle était si usée, si cassée, écrit une Sœur, qu'on craignait de la voir tomber en défaillance presque à chaque pas [1]. » L'éner-

---

[1] Reg. 1883, p. 127, et Liasse 4, passim.

gie de la volonté, ou plutôt l'ardeur de la foi parut en elle, jusqu'à la fin, bien supérieure aux forces du corps. Lui offrait-on de la soutenir et de l'accompagner : elle refusait, ne voulant pas, répondait-elle, qu'on s'occupât tant de sa pauvre personne ; et, en réalité, croyant trouver son meilleur appui dans le désir et le bonheur qu'elle éprouvait d'aller s'entretenir avec son Dieu. Elle priait beaucoup, non-seulement pour elle-même et ses Sœurs, mais pour les besoins de la religion et aussi pour ceux de la France, dont les cruels malheurs l'affectèrent profondément [1]. A la prière, elle ajoutait de fréquentes lectures et surtout de sérieuses méditations, dans lesquelles, par la réflexion, elle repassait souvent sur sa longue existence ; ou, avec le prophète royal, approfondissait les vérités éternelles [2].

---

[1] Diverses lettres de la bonne Mère Marie-Joseph, écrites en 1870-1871, mentionnent, en termes douloureux, les immenses désastres de ces tristes années. Elle logea plusieurs fois des soldats à la campagne, comme le firent aussi les Sœurs de la rue Sainte-Hélène.

[2] Ps. 76, v. 6.

La tendre dévotion de cette âme envers
l'auguste Vierge Marie, à qui, après Jésus,
elle rendait un culte tout spécial, grandit
encore au déclin de sa vie. A chaque heure
du jour, le nom de la divine Mère s'échappait
affectueusement de son cœur et de ses lèvres.
Elle célébrait toutes ses fêtes avec toute la
ferveur dont elle était capable, et jamais elle
ne cessa de réciter en entier le chapelet, à
genoux, *et sans s'appuyer sur son humble
prie-dieu de paille*; comme d'ailleurs elle
avait coutume de faire à tous ses exercices
de piété. Toute faible et souffrante qu'était la
vénérée Mère, elle continua longtemps à
parer de ses propres mains la statue de la
Vierge, qu'elle avait élevée sur un piédestal
au sommet d'un monticule dominant la campagne de Francheville. Que de fois ne la vit-
on pas diriger de ce côté ses promenades
solitaires ! Avec quel bonheur aussi, lorsque
les Sœurs venaient la visiter, elle les engageait à faire ce gracieux pèlerinage ! Celles-ci
s'empressaient de gravir la colline au chant
des litanies et des cantiques ; et, tant que les

forces le lui permirent, la pieuse fondatrice ne manquait pas de les accompagner [1].

De quelle édification était une telle ferveur, pour tous ceux des membres de la communauté qui avaient l'insigne avantage d'en être témoins ! Que de grâces et de mérites dut puiser à cette source celle qui donnait un si touchant spectacle !

Les vertus que pratiquait en même temps, dans sa chère solitude, sœur Marie-Joseph, ne furent ni moins exemplaires pour le prochain, ni moins fécondes pour elle-même en célestes faveurs. Avide de sainteté, elle tendait toujours à avancer, à monter plus haut. La voie des justes, dit le Sage, est comme le soleil, dont l'éclat va croissant jusqu'à son midi [2].

La régularité de l'excellente Mère, si admirable déjà quand elle dirigeait la communauté de Bon-Secours, le devint beaucoup plus, ce semble, lorsqu'elle se trouva presque seule à Francheville. Elle parut excessive, en quel-

---

[1] Liasse 4, p. 11.
[2] Prov., ch. IV, v. 18.

que sorte, et telle que, Supérieure, elle ne l'eut
point exigée assurément d'aucune compagne
aussi accablée de vieillesse. Son assiduité à
la sainte messe et à ses pieux exercices, dont
nous avons parlé, en est une preuve convaincante. « Le bon Dieu veut que j'observe
ma Règle, tant qu'il me donnera un souffle
de vie [1], » disait-elle alors. Il était beau de
voir celle qui avait toujours eu l'autorité et
le commandement, et à qui, depuis tant d'années, tout avait obéi dans l'Institut, se sou-
mettre et obéir à son tour, sans mot dire, et
comme la dernière venue, aux avis ou aux
moindres ordres des Supérieures. Pouvait-il
en être autrement, avec une humilité si profonde, que, non contente de se mettre à la
dernière place, et de se faire, selon le mot de
l'Evangile [2], *petite enfant* parmi ses compagnes, elle a surtout cherché, en allant s'ensevelir dans la retraite, à descendre davantage,
à disparaître, à être oubliée ? Tout en elle
respire cette complète abnégation, ses paroles,

---

[1] Reg. de 1883, p. 127.
[2] Saint Matth., ch. XVIII.

ses écrits, aussi bien que son entier éloignement des affaires, la crainte d'attirer l'attention et le désir de se suffire, de n'être à charge à personne. Et la sainte pauvreté, qu'à l'exemple des plus grands saints, de saint François d'Assise en particulier, elle regardait comme son trésor, elle a pu être appelée avec toute justice : « *Une amante accomplie* [1]. » Se trouvait-il, dans sa nouvelle demeure, des choses communes ou de moindre valeur, pour la nourriture, le vêtement et autres objets d'usages : à coup sûr, Mère Marie-Joseph en faisait sa part. Dès son arrivée à la campagne, elle choisit « une petite chambre, la plus petite de toutes, raconte sœur Stanislas. C'était une vraie cellule, dont l'ameublement se composait d'un pauvre lit de fer, très petit, sans rideaux, et qu'on pliait le jour ; d'une mauvaise table, pour déposer son ouvrage ; de quelques planches, disposées en forme de bibliothèque, pour ses quelques livres, car ils n'étaient pas nombreux ; de deux chaises de paille ; et, pour se chauffer, d'une petite grille à charbon.

---

[1] Liasse 4, p. 10.

A peine faisait-elle un feu passable au gros
de l'hiver. C'est là, tout à côté de la chapelle,
que notre vénérée Mère passa les cinq dernières années de sa vie, dans la retraite, la
prière et le travail [1]. »

A Francheville, la fondatrice travailla, en
effet, sans autre relâche que la prière, ou
l'excès de la souffrance. Sa devise là dessus
était : qu'une religieuse de Bon-Secours ne
doit jamais rester oisive. Elle se livrait à ce
travail, avec le même esprit, et dans le même
but qu'elle supportait ses infirmités et ses
peines, c'est-à-dire comme expiation de manquements commis dans le passé, pour avoir
été induite en erreur par certains sujets,
qu'elle avait traités peut-être avec trop
d'égards. « Je sais que j'ai fait une grande
faute, répétait-elle souvent : il est juste que
je la répare, et par des humiliations et par
tout ce qui est en mon pouvoir; afin de ne
pas laisser, autant que possible, mes fautes
à expier à celles qui me succéderont [2]. »

---

[1] L'asse 4, p. 10.
[2] Ibid., p. 12.

13

Par avance et de ses propres mains, sœur Marie-Joseph avait opéré en elle-même la destruction du tombeau. Son âme était mûre pour le ciel. Sur la fin de décembre 1874, la vénérable Mère se sentit tout-à-coup atteinte plus gravement du rhumatisme goutteux, dont elle souffrait depuis plusieurs années, et qui devait lui donner le coup de la mort. Elle fut forcée de s'aliter. La nouvelle en étant venue de suite à Lyon remplit les cœurs de tristesse et d'appréhensions. En une autre circonstance déjà éloignée, la bien-aimée fondatrice s'était pareillement trouvée saisie d'un mal très douloureux, et, de l'avis des médecins, dans un danger prochain de mort. On reconnut bien alors, aux larmes, aux ferventes prières, et aux soins de ses filles, quelle affection tendre et quel vif intérêt elles portaient toutes à leur Mère. A force d'instances au ciel, elles avaient obtenu sa guérison d'une manière presque miraculeuse [1].

Le temps n'a point affaibli ces beaux sentiments de piété filiale. Comme autrefois, la

---

[1] Reg. de 1883, p. 128, 129.

digne Mère est sans cesse présente à la pensée des Sœurs, et l'objet de presque tous leurs entretiens. Volontiers, chacune d'elles se persuaderait qu'une telle Mère vivra indéfiniment, qu'elle ne les laissera jamais orphelines. Aussi, en ce moment même, de nouvelles instances furent-elles faites, et un nouvel assaut livré à l'humilité de la fondatrice, dans l'espoir de la ramener à la rue Ste-Hélène. N'ayant toujours pas réussi, les Sœurs résolurent de se dédommager, les unes en multipliant les visites à Francheville, les autres en demandant, malgré leurs fatigues, à y veiller les nuits, que la chère malade passait pour la plupart en proie à de grandes souffrances [1].

Mais l'heure suprême va sonner. Le 28 février 1875, survint un transport de goutte à la tête, si subit et si violent, que les Sœurs chargées habituellement de donner des soins à la Mère en furent effrayées. Elle-même demanda à recevoir sans retard les derniers sacrements. Quel coup de foudre pour la

---

[1] Liasse 4, p. 13, et alibi.

communauté de Lyon, en apprenant qu'il n'y a plus d'espoir ! Quelle douleur pour les religieuses de n'avoir pu se trouver réunies autour de celle qui leur est si chère, et recevoir toutes ensemble ses derniers avis et sa bénédiction suprême, lorsqu'elle a été administrée ! Quelques Sœurs, en petit nombre, eurent seules l'inappréciable avantage de la revoir, pendant le peu de temps qu'elle vécut encore, et de recueillir de ses lèvres mourantes quelques rares et précieuses paroles pour elles-mêmes et pour leurs compagnes.

« Mon pèlerinage est achevé !... Ah ! que l'échelle du ciel est longue et pénible à monter ! disait-elle dans les courts intervalles que lui laissaient libres l'accablement et la douleur. Mais que la volonté de Dieu soit faite ! » reprenait-elle, calme et résignée. D'autres fois, cette Mère, qui avait pris tant de soins des Sœurs malades, se plaignait humblement d'être alors trop bien soignée et remerciait avec effusion des services qu'on lui rendait. Trois jours avant de rendre le dernier soupir, elle parut de nouveau préoccupée des ravages causés aujourd'hui par la révolution, et se prit à recommander avec instance à ses filles de se tenir sur leurs gardes et de conserver avec soin l'esprit qu'elle a tant travaillé à établir dans la Congrégation de Bon-Secours. Après avoir enfin conjuré toute sa famille spirituelle de ne l'oublier jamais devant Dieu, et de prier toujours pour elle, la vénérable malade entra en agonie, le dimanche matin, 7 du mois de mars, ne pouvant proférer aucune parole, mais entendant et comprenant tout, jusqu'à la fin. Ce fut le lendemain lundi, fête de saint Jean de Dieu, patron des hospitaliers, qu'expira doucement, à 3 heures après minuit, âgée de 79 ans, la très Révérende et très aimée Mère Marie-Joseph, fondatrice des religieuses de Notre-Dame de Bon-Secours, garde-malades de Lyon. Sa belle âme, en quittant ce monde d'exil, alla au ciel recevoir l'éternelle récompense dûe à ses vertus, à ses mérites et à ses œuvres.

Les obsèques de l'immortelle défunte, auxquelles assistèrent presque toutes les Sœurs de la Maison-Mère et des diverses localités, n'eurent lieu que le troisième jour après sa mort, sans que sa figure ni ses membres eussent perdu leur souplesse et subi d'altération.

La messe des funérailles fut chantée à l'église de Francheville; après quoi on déposa le corps au cimetière de cette paroisse. Mais il en coûtait à la communauté de Bon-Secours de n'avoir pas plus près d'elle les précieux restes de la bonne Mère. Trois mois plus tard à peine, il lui fut donné de les transporter au grand cimetière de Lyon, à Loyasse, où une famille généreuse offrit une place dans son propre tombeau [1]. Ce tombeau, devenu dès lors l'objet d'une sainte vénération, ne cessera jamais d'être visité à l'avenir par les enfants de celle qui y repose. Toujours les filles chéries de sœur Marie-Joseph viendront là, méditer, s'instruire, solliciter même des grâces.

Toute morte qu'elle est, la bien-aimée fondatrice vit cependant encore et sera perpétuellement présente aux yeux, non moins qu'à la mémoire de sa religieuse famille. Consolation bien douce après une telle séparation !

Par une innocente ruse, les Sœurs de Bon-Secours, désireuses de conserver le portrait véritable de leur Mère, réussirent, de son

---

[1] Liasse 4, p. 14, 24 passim.

vivant, à faire reproduire, sans qu'elle s'en
doutât, sa noble et bienveillante figure. L'humilité et l'extrême modestie de la digne Supérieure se montrèrent, il est vrai, quelque peu
offensées à la découverte d'une telle fraude.
Les bonnes filles ne s'en réjouirent pas moins,
et toujours elles se féliciteront de l'avoir
commise [1].

Mais elles possèdent un autre portrait de
sœur Marie-Joseph, dessiné par elle-même et
beaucoup plus fidèle, plus expressif surtout
que celui qui vient de la peinture ou de la
photographie. Qu'elles n'oublient jamais de
le considérer! Qu'elles l'étudient sans cesse!
Il est admirablement gravé, et en traits indes-
tructibles, dans ce qu'elles-mêmes ont recueilli
des paroles, des actes, des vertus de l'excellente Mère. C'est sa physionomie vraie, sa
piété, sa sagesse, sa sainteté, son esprit et
son cœur. En un mot, c'est elle-même en
personne, pleine de vie, de zèle et d'amour.

Nos religieuses ont dit avec raison, il nous
en souvient, que, placée à leur tête, la fonda-

---

[1] Reg. de 1883, p. 89.

trice était *leur Etoile* pendant sa vie[1]. Qu'elles regardent maintenant le ciel! Là encore, il leur sera donné de la voir, de la contempler toujours. Elle apparaît dans la gloire, brillante comme les plus beaux astres du firmament, abaissant sur la chère communauté de Notre-Dame de Bon-Secours, sur chacune de celles qui la composent, ses yeux pleins de bonté, leur souriant et continuant sans fin à s'intéresser à elles, à intercéder en leur faveur.

« O chère Mère! peuvent-elles s'écrier avec une des anciennes, votre mémoire est impérissable parmi nous; toujours nous nous souviendrons de vos enseignements, de vos exemples et de vos vertus. Vous avez été notre Mère sur la terre, soyez là-haut notre amie et notre protectrice. Veillez sur nous, et, des hauteurs des cieux, dirigez-nous, afin qu'un jour nous puissions aller vous rejoindre et vous être à jamais unies au sein du bonheur éternel [2]. »

---

[1] Reg. de 1883, p. 61.
[2] Reg. de 1883, p. 63. Note de sœur Véronique.

CHAPITRE X

Diverses notices biographiques des Sœurs.

L'APÔTRE S. Paul exhorte les chrétiens à se souvenir de ceux qui autrefois les ont instruits, dirigés; à considérer leur vie, à imiter leurs exemples [1]. Les Sœurs de N.-D. de Bon-Secours de Lyon, bien que l'Institut n'ait guère plus de cinquante ans d'existence, comptent déjà, dans la famille, de nombreux et nobles ancêtres. Ce sont les premières Mères, que nous avons vues, dès l'origine de la Congrégation, réunies autour de la fonda-

---

[1] Epît. aux Hébr., ch. XIII, v. 7.

trice, et d'autres après elles, dont plusieurs ont quitté cette terre, laissant, pour un long avenir, des traces précieuses et indélébiles de leur passage.

La vie de ces saintes filles se rattache à l'histoire que nous venons d'écrire. Nous devons donc raconter, succinctement au moins, les vertus dont elles ont donné l'exemple, le bien opéré par elles ; parce qu'ils appartiennent au riche trésor spirituel de la Communauté et y occupent une place notable. Fidèles à la parole de l'Apôtre, toutes les religieuses qui font partie de l'établissement ont à cœur de n'oublier jamais de pareilles leçons, de ne pas laisser perdre la moindre parcelle d'un héritage si salutaire et si glorieux.

I. — SŒUR IRÉNÉE

Sœur Irénée, Marie Garnier de son nom de famille, née à Miribel, diocèse de Belley, fut d'abord sœur hospitalière à l'Hôtel-Dieu de Lyon. Après les expulsions de 1834, désirant embrasser la vie religieuse, elle prit part à la fondation de la Société de Bon-Secours, dans laquelle elle revêtit l'habit le 2 février 1836, émit les vœux simples l'année suivante, et les grands vœux en 1852. C'était une âme ardente, toute dévouée à l'œuvre et à la Mère Supérieure qui la dirigeait. Par sa foi vive, son humilité profonde, sa ferveur et sa parfaite régularité, sœur Irénée édifia toujours singulièrement ses compagnes et exerça sur toutes une puissante action. Elle ne brilla pas moins par son zèle auprès des malades, en particulier ceux qui, se trouvant en danger, refusaient les secours de la religion. Elle usait de tous les moyens, était sans sommeil et sans repos, jusqu'à ce qu'elle eût triomphé de leur obstination. Heureuse alors de les faire monter au ciel, elle eût préféré, dans sa simplicité et sa foi, comme il arriva un jour, ne pas les voir revenir en santé.

Lors de la fondation de Romans, on y envoya cette généreuse fille, quoique déjà avancée en âge. Ses vertus la suivirent et parurent depuis acquérir un nouvel éclat, notamment sa patience à endurer l'extrême pauvreté des premiers temps de résidence, et,

bientôt aprës, les cuisantes douleurs d'une
maladie d'yeux, qui alla s'aggravant jusqu'à
sa mort. Obligée de revenir à Lyon, elle ne
tarda point à perdre entièrement la vue. Les
dix années qu'elle vécut encore, on la vit
résignée comme Tobie dans le support de
son infirmité, et toujours aussi gaie qu'à
l'époque de sa jeunesse. Ne pouvant se livrer
au travail comme autrefois, elle priait presque
sans interruption, visitait souvent la chapelle, récitait force chapelets, et faisait force
chemins de croix, à l'intention des Sœurs, des
malades, des pécheurs, des âmes du purgatoire. Ses quelques instants de loisir étaient
eux-mêmes occupés utilement dans l'intérêt
de la Communauté. Enfin, Dieu qui voulait em-
bellir encore cette âme, tout en achevant de la
dégager des liens du corps, permit que sœur
Irénée fût atteinte, la dernière année de sa
vie, d'un cancer intérieur dont elle souffrit
étrangement. Mais, soit discrétion, soit
esprit de sacrifice, elle n'en parla que d'une
manière très indirecte, et peu de jours avant
sa mort, qui arriva le 13 février 1864. Une
Sœur, à laquelle elle promit, au dernier

moment, qu'elle intercéderait pour elle devant Dieu, affirme avoir reçu bientôt après la faveur demandée [1].

II. — SŒURS IGNACE ET AMBROISE

Au nombre des neuf premières filles, qui, lors de la sortie de l'Hôtel-Dieu, fondèrent la Société de Notre-Dame de Bon-Secours, comptent les deux sœurs Ignace et Ambroise, dans le monde Anne et Marguerite Colin. Elles naquirent au Breuil, canton du Bois-d'Oingt, et furent unies par les liens du sang avant de l'être par ceux de la religion. Douées l'une et l'autre d'un bon jugement et très vertueuses, elles rendirent d'importants services à la Communauté de la rue Sainte-Hélène. Sœur Ignace mérita par sa modestie, son esprit de fermeté et de sacrifice, d'être nommée de suite première assistante, et chargée de plusieurs emplois en même temps, dont elle s'acquitta à merveille. La Mère

---

[1] Liasse 10, p. 4-9.

Marie-Joseph avait, dit-on, de grands desseins sur elle. Mais la bonne Sœur, déjà mûre pour le ciel, ne tarda point à être attaquée d'une maladie de poitrine, à laquelle elle succomba, laissant à ses compagnes de beaux exemples à imiter.

Quant à sœur Ambroise, d'un naturel aimant, naïf, ouvert et très sensible, qui la fit quelquefois souffrir, elle n'en était pas moins solide dans la piété, très modeste, observatrice fidèle des saintes Règles, et pratiquant la charité avec une telle perfection, qu'il ne lui arriva jamais de contrister personne, ni en parole, ni par ses actes. On admirait de même son dévouement chez les malades, son habileté et ses succès à les ramener à Dieu, quelque grands que fussent les obstacles. Après plusieurs années d'une vie si édifiante, passées soit à Lyon, soit à Saint-Marcellin, à l'origine de cette maison, sœur Ambroise acheva l'œuvre de sa propre sanctification, en passant par le creuset des douleurs longues et aiguës d'une sciatique et d'un cancer opiniâtre. L'âme semblait-elle succomber par moments, sous le poids des souffrances : elle se relevait bientôt au souvenir des fortifiantes pensées de la foi. A la fin, elle triompha de même des terreurs que lui causait l'approche de l'éternité, et sa mort, comme celle des justes, fut douce et précieuse devant Dieu [1].

III. — SŒUR MONIQUE

S'il existe de nombreuses variétés parmi les fleurs d'un beau parterre, les âmes, que Dieu se plaît à réunir dans le jardin spirituel de la religion, diffèrent de même beaucoup entre elles. Mais celles de ces âmes, qui semblent moins favorisées, deviennent souvent, lorsqu'elles font de grands efforts pour se vaincre, très riches en vertus et en mérites surnaturels.

Ainsi en a-t-il été pour Sœur Monique, Louise Nallet dans le monde, native d'Orliénas, et l'une des neuf fondatrices de Notre-Dame de Bon-Secours. Cette fille, d'un carac-

[1] Liasse 12, p. 1-5.

tère entier, sévère et peu communicatif, réussit cependant, à force de lutter contre elle-même, à acquérir une haute perfection religieuse. Jamais elle n'omit ses exercices de piété, ou ne parut s'en acquitter négligemment. Elle priait encore en travaillant, pendant le repos de la nuit, en maladie comme en santé. Tout en elle annonçait un esprit si intérieur, si uni à Dieu, disent les Sœurs, qu'il leur suffisait de l'apercevoir, pour être portées à se recueillir. Afin de dompter son humeur et sa volonté propre, sœur Monique se faisait docile comme un enfant envers les Supérieures ; son obéissance à la Règle était aveugle, et, chaque jour, elle semblait devenir plus douce, plus affable, gracieuse même avec toutes les Sœurs sans exception. Loin de se montrer exigeante, elle se plaignait d'être trop bien traitée ; et, si on lui rendait quelque service, elle remerciait toujours avec effusion. Elle pratiquait une rigoureuse pauvreté, travaillait sans relâche, demandant d'habitude pour sa part ce qui pouvait causer le plus de fatigue. Profondément humble, elle acceptait en silence, ou plutôt avec joie, des observations et des reproches qu'elle n'avait point mérités. On l'a surprise plus d'une fois se livrant à d'étonnantes mortifications, comme de baiser la terre aux endroits les plus répugnants à la nature. La vivacité de sa foi et son zèle brillèrent également auprès des malades. A soixante ans et plus, elle sollicitait encore la faveur d'aller en garde et d'y passer les nuits. Tant de dévouement et d'esprit de sacrifice étant bien connu fit que la vie presque entière de la bonne Sœur s'écoula à travers les dures épreuves de trois fondations successives, celle de Lyon, de Saint-Marcellin et de Romans.

Sœur Monique eût voulu mourir dans cette dernière résidence, et ce lui fut une grande peine d'en sortir, quand la Révérende Mère Léon, la voyant accablée de vieillesse et d'infirmités, crut devoir la rappeler à la Maison-Mère, pour y prendre quelque repos. Toujours soumise, elle prononça le *Fiat* de Jésus agonisant, et employa ses derniers jours à prier avec une nouvelle ferveur ; et ses dernières souffrances achevèrent en elle la destruction du vieil homme [1]. Ce nouveau fleuron ajouté à sa glorieuse couronne, elle s'endormit le 29 septembre 1884, dans une mort calme et sainte, comme l'avait été toute sa vie [2].

IV. — SŒURS PHILÉAS ET THÉRÈSE

Mentionnons ici deux autres religieuses, sur lesquelles nous avons peu de documents, mais qui ont rendu d'importants services.

Sœur Philéas, Françoise Robert, d'une famille très chrétienne de Lyon, était entrée fort jeune à l'Hôtel-Dieu, où elle se fit remarquer par son excellent caractère, son ardeur et sa piété. Sortie de là, quelques mois après les expulsions de 1834, elle se hâta d'aller

---

[1] On écrivait de sœur Monique à cette époque : « Elle continue à nous édifier par toutes les vertus religieuses, surtout par son extrême charité pour toutes ses sœurs, sa soumission respectueuse à l'autorité légitime. Toutes celles qui la connaissent depuis longtemps s'accordent à dire que jamais le murmure n'a passé sur ses lèvres, jamais une pensée de révolte n'est entrée dans son cœur. » Liasse 5, p. 6.

[2] Liasse 12, p. 5-10.

rejoindre la Mère Marie-Joseph, qu'elle vénérait, et par qui elle avait été appréciée et formée à la vertu, pendant leur séjour à l'hôpital général. En retour de ces soins, sœur Philéas se montra très attachée et très fidèle à la fondatrice, la seconda de tout son pouvoir, la consola, et soutint son courage en plusieurs occasions. C'était d'ailleurs une religieuse fervente, pleine de bonne volonté, et qui ne s'épargnait ni auprès des malades, ni au sein de la Communauté. Tant qu'elle vécut, elle eut grandement à cœur l'œuvre de sa sanctification, et à sa mort, arrivée dans sa soixante-huitième année, elle était prête et riche en mérites [1].

Sœur Marie-Thérèse, née à Grenoble en 1807, et appelée dans le monde Amélie Guillon, vint à Notre-Dame de Bon-Secours, dès la première année du nouvel Institut. Elle y revêtit le saint habit le 24 mai 1836. Comme c'était une âme fortement trempée et toute dévouée à la Congrégation, on n'hésita point à la mettre à la tête du Noviciat en 1839;

---

[1] Liasse 10, p. 10-13.

ensuite, à l'envoyer, avec le titre de Supérieure, fonder et diriger, d'abord la maison de Saint-Marcellin, qu'elle habita quinze ans, et, plus tard, celle de Romans, où elle mourut en 1882. Que de fatigues, de souffrances de toutes sortes eut à endurer la bonne Sœur, pour commencer, asseoir et laisser prospère chacune de ces fondations! On vit éclater alors la vivacité de sa foi, son amour du travail et de la pauvreté, son zèle enfin pour le service du prochain, pour son avancement et celui de ses compagnes dans les voies de la sainteté et de la perfection. Mère Thérèse a passé en faisant le bien, et la Congrégation lui est grandement redevable [1].

V. — SŒUR RÉGIS

Les Sœurs de Bon-Secours avaient déjà fait quelques recrues, lorsqu'arriva chez elles, le 17 décembre 1835, une jeune fille de 21 ans à peine, Antoinette Fournel de Saint-Julien-

---

[1] Liasse 1, p. 1, et alibi.

en-Jarret. Elle reçut le 24 mai suivant, avec
l'habit religieux, le nom de sœur François-
Régis. La voyant douée de beaucoup d'intelligence, de droiture, de tact, et autres qualités
précieuses, le fondateur, M. Gabriel, et la Révérende Mère Marie-Joseph ne tardèrent point
à lui confier d'importantes fonctions. Dès le
mois de septembre 1837, elle fut nommée, à
la place de Mère Ignace, qui venait de mourir, première assistante, économe et Sœur
servante. Ce triple emploi, sœur Régis l'a
exercé jusqu'à sa mort, paraissant constamment à la hauteur de sa tâche, disent nos religieuses, qui admiraient son calme et sa présence d'esprit continuels; le bon ordre qu'elle
entretenait partout; sa prévoyance et ses soins,
qui lui faisaient éviter bien des dépenses; sa justice enfin et son impartialité à l'égard de chacune de ses compagnes. Celles-ci ne lui ont
reproché qu'une certaine sécheresse dans les
paroles, et trop de lenteur à répondre aux demandes ou aux désirs qu'on lui exprimait. Mais
l'excellente fille n'en jouissait pas moins de
l'estime et de la confiance de toutes, au point
que les premières Supérieures se déchargè-

rent toujours aveuglément sur elle de ce qui regardait le matériel de la Communauté. Etant aussi, par sa sagesse et son expérience, personne de bon conseil, active d'ailleurs et énergique, quel appui ne prêta-t-elle point à la Mère fondatrice dans les embarras de son administration !

Quelque grands néanmoins que fussent les talents de sœur Régis pour la gestion des affaires, plus haut encore s'élevaient ses vertus religieuses. « Elle aimait sa Congrégation, comme un bonne fille aime sa mère; maintes fois elle en a donné des preuves, en des temps bien difficiles. » Lorsque des esprits intrigants, jaloux et ambitieux, tels qu'il s'en rencontre partout, venaient à murmurer, à agir contre l'autorité, loin de se laisser séduire, sœur Régis les combattait avec force et déjouait leurs desseins. Ferme dans sa piété et ne cherchant que Dieu, ni la flatterie, ni les insinuations malveillantes ne trouvaient accès auprès d'elle. Il ne sortait de sa bouche aucune parole indiscrète, irrespectueuse, ou capable de blesser la charité fraternelle. Avait-elle quelque peine sur le cœur : elle n'en parlait presque jamais qu'à Dieu, à Jésus dans l'Eucharistie, avec lequel, se croyant seule, on l'entendait parfois s'entretenir tout haut. Par intérêt pour le bien des âmes, elle savait profiter des rapports que nécessitaient ses fonctions avec les personnes du dehors, pour édifier par ses paroles, ou de toute autre manière. Elle aimait aussi à secourir l'indigence, suivant les règles de l'obéissance et les ressources de la communauté ; elle le fit même, dit-on, pour d'anciennes Sœurs de Bon-Secours, rentrées dans le monde et poursuivies par la misère. Après une carrière si bien remplie, sœur Régis est décédée le 15 mai 1881, laissant un souvenir qui durera longtemps parmi celles à qui il a été donné de la connaître et de l'apprécier [1].

---

[1] Liasse 10, p. 14-18.

CHAPITRE XI

VI. — SŒUR IGNACE, DE MACON

Sœur Ignace, Marie-Louise Duc, reçut le jour en 1813, à Etoile (Drôme), de parents très chrétiens et jouissant d'une modeste fortune. Elle donna de bonne heure des marques frappantes de sa vocation, par la ferveur de sa piété et par son zèle à servir les malades, à ensevelir même les morts. Chérie de ses proches, cette jeune fille s'arracha courageusement à leur tendresse et à leurs larmes, pour suivre le divin Epoux, et mériter en cette vie le centuple promis, et en l'autre une félicité éternelle.

Ayant été admise, comme postulante, à Notre-Dame de Bon-Secours, au mois d'avril 1838, elle plut de suite par son air affable, par la candeur et la franchise de son caractère, autant que par la distinction de son intelligence. On comprit quelles ressources offrait cette âme, quel fond on pouvait faire sur elle, en la voyant pleine d'abnégation, toujours prête à obéir, à rendre service, et d'une aptitude merveilleuse pour toutes sortes d'emplois. Cependant, les fonctions d'infirmière avaient sa préférence, et, parmi les Sœurs malades, les plus infirmes, celles qui demandaient des soins plus nombreux et plus pénibles, devenaient les objets privilégiés de son attention. Elle demanda un jour à être chargée d'une jeune religieuse toujours souffrante et sur le point de se voir rendue à sa famille. Pendant quatre ans, sœur Ignace prit chaque matin sur son sommeil afin de pouvoir panser cette pauvre enfant, qui obtint, à cette condition, de rester et de mourir au Bon-Secours, comme elle le désirait. Le même dévouement suivait la bonne Sœur chez les malades du dehors. Pour ramener à Dieu les coupables, elle se faisait *tout à tous*, jusqu'à exposer sa vie à de graves dangers. Consùmée du feu du divin amour, elle visait toujours au plus grand bien, quoi qu'il dût lui en coûter; et, tels étaient son esprit de sacrifice, la pureté de ses intentions, qu'elle semblait accomplir les choses les plus difficiles, s'immoler elle-même, sans effort et comme naturellement. Elle souffrait pourtant, vu sa nature ardente et l'extrême sensibilité de son cœur, qui lui livrèrent, jusqu'à sa mort, de fréquents et rudes combats. On l'a dit avec raison, sœur Ignace fut un vrai type de la religieuse de Bon-Secours [1]. La Révérende Mère Marie-Joseph, avec qui cette digne fille eut plus d'un trait de ressemblance, savait l'apprécier et l'affectionnait vivement. L'année 1858, elle l'envoya remplir la charge de Supérieure à la résidence de Mâcon. Ce fut une bonne fortune

---

[1] Lettre du R. P. Ferdinand, récollet, au P. Jobert, mariste, 4 mai 1887.

pour cette maison, qui, de prospère qu'elle était déjà, devint très florissante.

En même temps que la nouvelle Mère rendait heureuse sa petite famille par sa bonne administration et, par ses exemples, y faisait régner une régularité parfaite, son dévouement imprima une forte impulsion à l'œuvre qui lui était confiée; elle l'agrandit au point que, pour la soutenir en cet état, on dut augmenter plus tard le personnel des Sœurs de Mâcon. Dès l'arrivée de Mère Ignace, en effet, ses qualités remarquables se firent jour dans la ville et les environs. Tous, prêtres, religieux, aussi bien que personnes du monde, réclamaient ses services ou ses conseils. Mais, entraînée toujours par son attrait vers ce que la nature recherche le moins, elle s'occupa de préférence des enfants pauvres, des ouvriers couverts de plaies; et, parmi les malades, elle choisissait les plus indigents ou les plus délaissés. On l'appelait partout. Elle pénétrait, avec une sorte de bonheur, jusqu'au fond des réduits infects, cherchant tout à la fois des misères extrêmes à secourir, des âmes égarées et des cœurs endurcis à ramener à Dieu.

Plusieurs de ses œuvres sont dignes des héros de la charité les plus grands et les plus saints.

Quand sera venu le jour d'écrire la vie de sœur Ignace de Mâcon, l'histoire racontera ces beaux traits, qu'il serait trop long de rapporter ici. Elle dira les pécheurs moribonds, à qui elle a obtenu plus que la vie du corps, celle de l'âme et de l'éternité; les malheureuses créatures qu'elle a retirées du vice; les affamés à qui elle a rendu l'existence et les forces, en mendiant leur nourriture; les mères de famille qu'elle a fait sortir de prison et presque du tombeau; les pauvres petits enfants dont elle a enseveli et fait convenablement inhumer les restes déjà en proie à la pourriture. L'histoire dira aussi comment Mère Ignace suffisait à tant de travaux, sans se troubler, sans causer aucune surcharge à ses Sœurs, ni omettre les soins qu'elle leur devait. Elle dira l'estime dont elle jouissait parmi les personnes les plus chrétiennes, les plus charitables, qui l'avaient choisie pour confidente et lui ouvraient leur cœur aussi bien que leur bourse. Elle montrera enfin comment cette âme d'élite a gravi le Calvaire et porté de lourdes croix à la suite de Jésus, pendant les dernières années de son existence mortelle.

Mère Ignace avait achevé sa charge de mérites, lorsque, le 5 août 1879, elle expira doucement, ayant 66 ans d'âge et 41 ans de profession. Les parfums de sainteté, qu'a exhalés sa mort, comme sa vie entière, ont fait dire que, de cette vallée de larmes, elle était montée droit au ciel. Cette opinion, ou ce pressentiment général, semble avoir reçu une première confirmation, lorsque, cinq ans plus tard, les précieux restes de la bonne religieuses ont été trouvés en terre dans un état de parfaite conservation, bien que le bois de son cercueil fût en lambeaux [1].

VII. — SŒUR BORGIA

Un autre sujet de grand mérite, sœur Borgia, Victoire Darne, née à Rosière, près le Puy, en 1817, entra au Bon-Secours la même

[1] Liasse 7, p. 1-17.

année que Mère Ignace. Peu instruite selon le monde, au rapport de nos annales, elle acquit bientôt la science des saints et y fit de rapides progrès, sous la conduite de la Mère fondatrice, qui la forma à la vie religieuse avec un soin tout particulier. Dieu, de son côté, lui parlait au cœur, et cette âme profondément intérieure, toujours attentive, l'écouta et ne laissa perdre aucune de ses leçons. Aussi à quel degré de perfection n'atteignit-elle pas! Elle possédait toutes les vertus de sa sainte vocation. Par humilité, elle fuyait les honneurs et les louanges, comme les mondains fuient l'opprobre et les injures. Mener une vie cachée, garder le silence, être inconnue et même méprisée faisait son bonheur et lui semblait préférable aux plus riches trésors. Elle n'estimait et n'aimait pas moins le dépouillement que procure la sainte pauvreté, les croix de la mortification et des souffrances. Toute bonne par caractère, très charitable pour les autres, elle était dure à elle-même, accomplissant tous les points de la règle avec une scrupuleuse exactitude, travaillant sans relâche, malgré une santé constamment débile.

« Perdre une seule minute, disait-elle, eut été un vol à la Communauté, à laquelle, par ses vœux, devait appartenir tout son temps. »

Au départ de Mère Thérèse pour Saint-Marcellin, en 1841, sœur Borgia fut jugée digne de prendre sa place, comme Maîtresse des novices : charge si importante à l'origine d'une Congrégation. Pendant vingt ans qu'elle l'occupa, elle forma bon nombre de jeunes Sœurs, de manière à consolider à tout jamais l'œuvre de la Révérende Mère fondatrice. Alors sœur Borgia parut et fut appréciée telle qu'elle était en réalité : une religieuse parfaite, ou, comme on l'a définie, « une religieuse à l'antique. »

Faire pareillement, des jeunes filles qui lui étaient confiées, des religieuses véritables, solides, pétries, pour ainsi dire, de l'esprit propre de l'Institut, tels furent son ambition et l'unique but où tendirent ses efforts. Pour y réussir, elle leur recommandait sans cesse et exigeait de toutes une obéissance aveugle, une piété simple et constante, mais non de pure sentimentalité; de plus, l'amour du travail et l'accomplissement fidèle des fonctions et des devoirs prescrits. Afin aussi de mieux façonner les volontés, Mère Borgia reprenait avec rigueur et n'acceptait pas d'excuses après les fautes commises.

Elle ne témoignait de préférence à personne, ni pour le caractère, ni à raison des qualités ou de l'éducation. Il en était de même dans la distribution des charges et des divers ouvrages concernant l'ordre et la propreté de l'établissement. « Ici, mes Sœurs, aussi bien que devant Dieu, redisait-elle souvent aux novices, il ne doit exister entre vous aucune distinction. Tout est commun : les travaux, les fatigues, les œuvres ; de même que la vocation, les saintes règles, le costume, la nourriture, etc. » Les jeunes Sœurs tombaient-elles malades, elles étaient bien soignées. Mais l'habile Maîtresse se montrait ferme et inexorable envers ces esprits méticuleux à l'excès, trop esclaves de l'imagination, qui, jusque dans les couvents, pour le moindre malaise, s'environnent de toutes sortes de soins, au risque d'être à charge et de scandaliser. Elle leur faisait vite perdre l'habitude ou la manie de se plaindre sans cesse et de recourir à mille remèdes. Chez elle, comme chez la fondatrice, la parole et les actes trouvaient dans ses propres exemples une sanction et une force irrésistibles. Aussi les Sœurs que la Mère Borgia a dirigées n'oublieront-elles jamais les leçons et les impressions précieuses de leur noviciat.

Envoyée, avec le titre de Supérieure, pour fonder Saint-Chamond, en 1861; et, plus tard, à Saint-Marcellin, sœur Borgia continua, dans l'une et l'autre résidences, la même vie de régularité et d'édification. Dans la première, l'acquisition d'une maison, et dans l'autre le manque de ressources suffisantes pour vivre, l'obligèrent à soutenir un travail incessant et à endurer bien des privations. A quoi vinrent bientôt se joindre la caducité de la vieillesse et un cortège nombreux d'infirmités et de douleurs de tout genre. Toujours généreuse et résignée, elle supporta ses souffrances sans se plaindre. Mais à la fin, n'en pouvant plus, la vénérable Sœur demanda et obtint, l'année 1878, de rentrer à la Maison-Mère. C'était moins pour se reposer, que pour continuer à souffrir jusqu'à sa mort, qui arriva

et fut paisible et sainte, comme avait été sa
vie, le 19 février 1880 [1].

VIII. — SŒUR ÉMILIE

La notice précédente tire son principal intérêt du haut rang qu'a occupé la religieuse
dont nous venons d'esquisser la vie. Il en est
de même de celle qui suit. Marie-Anne Busch,
en religion sœur Emilie, naquit en 1824 à
Landser (Haut-Rhin), et entra, âgée de vingt
ans à peine, à la Communauté de la rue Sainte-
Hélène de Lyon. Elle y reçut le saint habit
en 1844, prononça les vœux simples deux
ans après, et les grands vœux le 4 novembre
1853. Elle n'était que postulante et déjà se
manifestait la solidité de sa vocation, par son
vif attrait pour toutes les choses de la vie religieuse, par l'estime et l'amour qu'elle portait
spécialement à la Congrégation de Bon-
Secours. A voir depuis lors sa parfaite régularité, son aisance, son bonheur en tout ce

---

[1] Liasse 10, p. 19-28.

qu'elle faisait, on eut dit une professe de
longue date. Bien que peu instruite encore
dans la spiritualité, elle possédait et pratiquait
déjà la plupart des vertus de son saint état.
Le noviciat n'eut qu'à l'éclairer, pour ainsi
dire, en lui montrant les imperfections à corriger et le chemin à suivre pour arriver, de
progrès en progrès, à une haute sainteté.

Trop vive de caractère et trop attachée à
ses idées, sœur Emilie eut vite triomphé de
ces défauts, grâce à la délicatesse de sa conscience, à une sévère vigilance sur elle-même,
à la fermeté et au courage qui la distinguaient.
Elle ne réussit pas moins bien à se montrer
toujours douce, prévenante et très charitable
dans les rapports et les conversations avec le
prochain. On lui confia, jeune encore, des
personnes tombées dans le vice, qui parlaient
allemand comme elle; par ses manières bienveillantes et par le zèle dont son cœur était
consumé, elle opéra des conversions écla-
tantes. Simple et bonne pour les autres, elle
se traitait avec rigueur, recherchant la souffrance et les humiliations, pratiquant même
en secret de grandes austérités, comme si

elle avait eu le pressentiment et voulu faire l'essai de ce qu'un jour elle devait endurer.

Un peu plus tard, sœur Emîlie se rendit à la maison de Saint-Marcellin, à laquelle l'avait destinée l'obéissance. Elle y édifia beaucoup et fut fort appréciée, en particulier de Mère Thérèse, sa Supérieure. Mais voici que commence presque aussitôt pour elle une longue carrière d'afflictions et d'épreuves de tout genre. Tandis qu'elle se livre sans ménagement au service des malades, elle contracte une infirmité qui la force, peu d'années après, à rentrer à Lyon, et dont elle ne guérira jamais.

Aux souffrances continuelles, et par intervalle très aiguës, qu'elle éprouve, viennent s'ajouter des peines intérieures, des découragements, l'appréhension même de causer trop de dépenses, d'accroître les fatigues des infirmières. A force de prières, la bonne Sœur obtient de Dieu, non la guérison qu'elle demandait, mais la résignation aux desseins du ciel, et un calme parfait au milieu de ses plus cuisantes douleurs. Elle se sent tout à coup éclairée et pénétrée de cette consolante pensée.

de foi que, tout en méritant eux-mêmes pour le ciel, les malades d'une communauté sont pour elle et pour ceux qui les soignent une source de bénédictions. Comme Jésus devant ses ennemis, elle pratique une patience héroïque, gardant le silence et ne laissant échapper aucune plainte. Aux jours, aux heures de calme que lui laissent les crises violentes de sa maladie, on la voit arriver la première aux exercices communs et prier avec un profond recueillement. Elle médite de préférence sur la Passion du Sauveur, et remplit son âme et son cœur des grandes pensées, des beaux sentiments, tantôt de la Sainte Ecriture, tantôt des maîtres de la vie spirituelle. Ainsi se prépare-t-elle, à son insu, se moule-t-elle en quelque sorte pour les fonctions de Maîtresse des novices, qui vont lui être confiées.

En 1861, en effet, au départ de Mère Borgia pour Saint-Chamond, la sœur Emilie fut choisie et mise à la tête du Noviciat, sur l'avis et les instances du confesseur des religieuses, le Père Pélicot, jésuite, qui mieux que personne connaissait les aptitudes de cette âme éminente. Il en coûta beaucoup, surtout à l'humilité de la sainte fille, d'accepter une si lourde charge. Mais une fois en place, elle s'oublie entièrement, ne compte ni avec ses souffrances, ni avec ses goûts, pour marcher sur les traces de celles qui l'ont précédée, et remplir dignement ses fonctions. Former des âmes fortes dans la vertu, généreuses dans le service du Seigneur, dévouées sans réserve à leur Institut et au salut du prochain, tel est son unique but, l'objet de tous ses efforts. Les documents, que nous avons sous les yeux, le constatent. « Qu'est-ce que la vie religieuse ? disait-elle souvent à ses Novices. — Une vie de sacrifices. — Qu'êtes-vous venues faire ici ? —Vous donner à Dieu ; être tout à lui seul. — Quel esprit doit vous animer? — L'esprit d'humilité, d'abnégation complète. —Et qu'avez-vous à faire, quel bien devez-vous opérer ? — Devenir des saintes, sauver des âmes. Non contente de parler ainsi à ces jeunes filles, sœur Émilie les faisait agir, travailler, accomplir exactement la Règle, s'instruire, se corriger, et devenir aptes à toutes sortes de bien et d'emplois. De son côté, elle redoubla ses prières et ses mortifications. On remarqua qu'elle ne couchait plus que sur la paille, et se levait la nuit pour attirer les bénédictions du ciel sur son important ministère.

Cependant la Mère fondatrice a donné sa démission définitive. Le Chapitre se réunit pour la remplacer, sous la présidence du Supérieur, M. l'abbé de Serre. Il décide d'abord, que désormais la Mère générale sera nommée tous les six ans, comme le veut la règle. On procède ensuite à l'élection. Mère Emilie, désignée par la majorité des suffrages, se voit contrainte d'accepter la plus haute dignité, elle qui s'est toujours crue la dernière des Sœurs de Bon-Secours. Son mérite n'en sera que mieux en lumière. Dieu sembla lui rendre quelques forces, disent nos archives : elle en avait besoin, ainsi que d'un nouveau dévouement, pour soutenir les travaux et vaincre les difficultés qui l'attendaient. Recueillir l'héritage et continuer l'œuvre de la Mère Marie-Joseph ; se concilier les esprits et les cœurs ; rendre l'administration de plus en plus forte et active, tout en conservant les anciennes officières : quelle tâche délicate et laborieuse.

rieuse ! Que de précautions à prendre et quelle sagesse à déployer ! Ajoutez les malheurs du temps, l'agitation des esprits ; et, dans la Communauté, avouons-le, un certain état d'affaiblissement et de malaise que l'on attribuait aux dispositions ou aux menées de quelques sujets, et un peu aussi à la longue durée du précédent généralat.

Par son édification, sa prudence consommée et un heureux mélange d'énergie et de douceur, Mère Emilie parvint bientôt à applanir les obstacles, à gagner l'estime et l'amour de sa famille religieuse et à y faire fleurir la régularité et la ferveur. Tels étaient l'attachement et la confiance envers elle, que, son mandat fini, on la nomma encore pour six ans, aux élections de 1875, présidées par M. Dutel, alors Supérieur de la Communauté, et curé de la paroisse d'Ainay.

Mère Emilie répondit, comme la première fois, à l'attente de ses compagnes ; elle la surpassa même, en usant de la prolongation de sa charge pour parfaire le bien heureusement commencé. A la fin cependant, accablée plus que jamais sous le poids de l'âge, des infirmités et de nouvelles peines morales, elle sentit son courage et ses forces l'abandonner, à mesure que semblaient s'affaiblir son autorité et les liens de la discipline. Ayant, à diverses reprises, exprimé hautement le désir de rentrer dans le calme, elle fut envoyée à Fribourg comme Supérieure, après les élections de 1881, qui lui substituèrent sœur Léon. La vénérable religieuse passa, dans cette maison fondée par elle, quelques mois seulement, qu'elle employa à se préparer à paraître devant Dieu. Mère Emilie mourut le 22 août 1882, d'une mort vraiment sainte et précieuse aux yeux du Seigneur. Toutes les Sœurs qui ont eu le bonheur de connaître cette âme, de marcher sous sa conduite, aiment encore à s'entretenir de l'héroïsme de ses vertus, à étudier et à suivre un si beau modèle [1].

---

[1] Liasse 5, p. 1-31.

CHAPITRE XII

Traits, paroles et faits remarquables

Nous avons cru devoir, au cours de notre récit, pour ne pas l'interrompre ni trop l'allonger, omettre divers traits, paroles et faits remarquables. Il importe cependant de les rapporter, à cause de l'intérêt et surtout de l'édification qu'ils renferment. Tel est l'objet de ce chapitre supplémentaire.

— Vers 1845, la Communauté de Notre-Dame de Bon-Secours n'était guère moins pauvre qu'à sa naissance. Elle se voyait réduite parfois à la détresse. « A ce moment, écrit une des Sœurs, nous étions dans une si grande disette, qu'un jour, il ne nous restait qu'un petit plat de haricots. Nous nous trouvions cinquante à la maison. Notre bonne Mère eut, ce jour-là, le cœur bien gros. Quand elle souffrait seule, personne ne s'en apercevait; mais elle ne pouvait supporter qu'on souffrît à côté d'elle. Enfin, on sonne le dîner; on arrive au réfectoire : notre digne Mère jette sur nous un regard triste, et les larmes lui tombent des yeux. Elle bénit le plat, le fait passer, sans se servir elle-même. Mais, ô prodige! tout le monde se sert et il en reste encore. Toutes nos Sœurs qui se trouvaient à la Communauté furent témoins du fait. Celles qui survivent se le rappellent avec reconnaissance et continuent à en rendre grâce à Dieu [1]. »

Cette merveille, qui paraît due à la foi vive de la sainte et vénérable Supérieure, à sa tendre compassion pour ses compagnes, ne ressemble-t-elle pas, en quelque chose, à la multiplication des pains opérée par Jésus au désert?

---

[1] Reg. 1883, p. 92.

— La fondatrice, qui recourait à Marie si fréquemment, en particulier dans les circonstances critiques, avait une grande dévotion à la Vierge placée au fond du jardin de la Communauté de Lyon. Elle la regardait comme miraculeuse. Quand elle se croyait seule, on l'entendait prier ainsi : « O Marie, notre espérance, notre Sœur, notre amour! Oh ! dites à Jésus que vous êtes aussi notre Mère, afin qu'il abaisse sur nous des regards pleins de clémence ». Et elle répétait : « O Marie, montrez-vous notre Mère !... »

« Nous regardions cette Vierge, ajoutent les Sœurs, comme fondatrice de la Communauté. Dans les commencements, on la priait toujours lorsqu'il survenait de grandes difficultés; et toujours nous avons été exaucées [1]. » La bonne Mère avait fait un parterre aux pieds de cette statue, où elle cultivait de ses propres mains les fleurs les plus belles et les plus variées. A ses yeux, c'étaient autant d'emblèmes des vertus et des attributs glorieux de l'auguste Reine des Cieux. Elle se plaisait,

---

[1] Reg. 1883, p. 97.

dans son expansive piété, à composer et à appliquer à chacune de ces fleurs ou de ces emblêmes de gracieux quatrains, d'une poésie simple, mais riche en sentiments.

A LA VIOLETTE

Odorante violette,
Si modeste en ta beauté,
Tu n'es que l'ombre imparfaite
De sa rare humilité.

A LA JACINTHE

Sous une culture habile,
Jacinthe, tes fleurs sans prix
Peignent la Vierge docile
A la voix des purs Esprits.

A LA TULIPE

Oh ! combien Marie est belle !
Regardant son Dieu toujours :
Moins la tulipe étincelle
Sous le soleil des beaux jours.

A LA ROSE

Rose, richement feuillée,
Belle aux premiers feux du jour,
De la Vierge Immaculée
Dis-nous l'incessant amour.

AU LIS

Lis, ta beauté souveraine
T'a rendu le roi des fleurs ;
Du ciel, Marie est la reine :
Rappelle-nous ses grandeurs.

AU MYOSOTIS

Par le myosotis, ô Mère !
Vous nous dites : M'aimez-vous ?
Et par lui notre prière
Vous répond : Pensez à nous !

A LA PENSÉE

O pensée ! ô fleur brillante !
Porte nos cœurs vers le ciel :
De la Vierge triomphante
Dis-nous l'éclat immortel.

— Le petit évènement qui suit, arrivé à la Mère Marie-Joseph, exhale en quelques-unes de ses circonstances un véritable parfum des temps anciens. Elle était Supérieure générale. Allant un jour visiter les Sœurs de Saint-Marcellin, elle passa par Romans, pour des arrangements préliminaires à la fondation qu'elle y fit plus tard. Ces arrangements pris, elle se rendit au bureau de la voiture qui

devait la conduire au terme de son voyage.
Mais la voiture était partie ; Dieu le permettant, sans doute, pour éprouver cette âme
fidèle. Il fallut attendre au lendemain : et
que faire ? Le jour baissait ; la Mère ne savait
où se retirer, n'ayant en ville aucune connaissance, et il répugnait tant à sa timidité de
coucher à l'hôtel, qu'elle eût préféré passer la
nuit dehors. Elle pense peut-être trouver
l'hospitalité, comme la donnaient les anciens,
ou plutôt elle s'abandonne à la Providence,
persuadée et se disant que Dieu lui viendra
en aide. Elle s'assied alors sur des marches
d'escalier devant une porte, et se met à réciter
son chapelet. Quelques minutes après, passe
une tourière des Sœurs de Sainte-Claire établies à Romans. Etonnée de rencontrer une
religieuse à pareille heure et dans cette
situation, et reconnaissant, à l'expression de
sa figure, qu'elle est dans l'embarras, celle-ci
s'approche et demande si elle pourrait lui être
de quelque utilité. La Révérende Mère expose
de suite son aventure, surtout son extrême
répugnance d'aller loger à l'hôtel. Cette
bonne Sœur tourière, profondément touchée,

offre de la recevoir dans sa pauvre cellule, en lui disant : « Je partagerai de grand cœur mon lit avec vous, et vous me ferez plaisir de venir avec moi à la Communauté. » Une invitation si bienveillante est aussitôt acceptée, et elles s'acheminent ensemble vers le monastère, très heureuses, l'une d'avoir occasion d'abriter chez elle une servante du bon Dieu, ce que le divin Maitre tient et promet de récompenser, comme fait à lui-même ; l'autre, d'être en ce moment si semblable à Celui qui, par amour pour nous, s'est dépouillé jusqu'à n'avoir pas où reposer sa tête. Le meilleur accueil fut fait à la voyageuse par les Clarisses, qui s'empressèrent de lui donner à souper. Ensuite la tourière la conduisit dans sa chambre, et se mit en devoir de partager en deux, ainsi qu'elle avait dit, son propre lit, composé uniquement, selon la pauvreté religieuse, d'un matelas et d'une paillasse. Laquelle des deux aura le meilleur, ou plutôt le moins mauvais de ces lits ? Par modestie, la Révérende Mère ne nous l'a point révélé. Mais il n'est guère douteux que l'édifiante contestation, le combat d'abnéga-

16

tion, encore plus que de politesse, qui surgit jadis au désert pour le partage d'un pain miraculeux, entre saint Antoine et saint Paul, se soit renouvelé entre ces deux saintes filles, au moment d'aller prendre leur repos. L'une, se confondant de donner trop peu, ne se réserve que la paille ; l'autre, qui se répute la plus indigne, proteste contre une telle préférence, et ne veut point l'accepter. Toutes deux, à la fin, ayant lutté d'humilité, remportent un égal triomphe et s'endorment d'un calme et profond sommeil.

Le lendemain, après déjeûner, sœur Marie-Joseph exprime sa vive reconnaissance et à la bonne tourière et aux religieuses de Sainte-Claire. Puis elle va se remettre en route pour Saint-Marcellin, où elle raconte joyeusement à ses chères filles ce qui lui est arrivé [1].

— L'établissement des Sœurs de Bon-Secours, à Mâcon, existait depuis un an, et elles n'avaient encore presque aucun malade à soigner. La Mère générale les encourageait, ainsi que sœur Gertrude, leur Supérieure,

---

[1] Reg. 1883, p. 70-72.

qui espérait toujours. Elles priaient, mais rien
n'annonçait un meilleur avenir. Un jour, elles
allèrent recommander l'œuvre aux Religieuses de la Visitation de cette ville, en particulier à l'une d'elles qui se mourait alors en
odeur de sainteté. Celle-ci promit de leur
venir en aide auprès de Dieu, et expira bientôt après. Nos Sœurs ne manquèrent point
d'assister à l'enterrement, priant cette sainte
âme d'intercéder en leur faveur. Au retour,
comme elles avaient écrit à Lyon dans l'intervalle, exposant leur triste position et demandant d'être rappelées, elles trouvent la
réponse de la Mère fondatrice qui les autorise
à rentrer dans la Communauté. Mais, pendant
qu'elles lisaient cette lettre, voilà qu'on vient
frapper à la porte. « Une personne étrangère
était malade à l'hôtel. Ayant demandé au
médecin si elle ne trouverait pas à Mâcon des
religieuses pour la soigner, celui-ci, obligé
de dire oui, le fit avec un tel dédain, que la
malade lui répartit avec indignation : Comment, Monsieur, c'est ainsi que vous traitez
les religieuses ! Eh bien ! qu'on aille m'en

chercher une, et vous verrez que je ne la traiterai pas comme vous. »

De ce jour, les Sœurs garde-malades commencèrent à être mieux connues et appréciées dans la ville. Elles y restèrent, au lieu de retourner à Lyon, comprenant que les prières de la sainte défunte avaient été efficaces, et que Dieu, pour conserver leur établissement, s'était servi du passage fortuit d'une personne étrangère. Cette maison, avons-nous dit, est aujourd'hui une des plus prospères de la Congrégation [1].

— « Une Sœur nourrissait en son âme un projet qui n'était ni selon sa vocation, ni selon les desseins de Dieu sur elle. Quand le regard de la Mère fondatrice se rencontrait avec le sien, il lui semblait que sa Supérieure devinait tout, et elle ne se trompait pas. Le démon, aussi rusé que méchant, persuada en conséquence à la pauvre Sœur d'éviter autant que possible les communications avec la digne Mère; ce à quoi elle réussit durant quelque temps. Un jour pourtant, elle fut obligée

---

[1] Liasse 2, p. 11-12.

d'aller dans sa chambre pour une commission. Arrivée à la porte, une espèce de crainte et de tremblement la saisit. Mon Dieu, se dit-elle, notre Mère qui devine tout ! Il fallut enfin entrer. Elle frappe, ouvre, et, de la porte, fait sa commission le plus vite possible, prête à partir de suite.

Dieu l'attendait là. La Mère, feignant à dessein de n'avoir pas compris : Ma chère enfant, lui dit-elle, je n'entends pas, je suis un peu sourde ; approchez sans crainte, je ne vous ferai aucun mal. La pauvre fille approche, le cœur déjà agité par ces quelques paroles, balbutie sa commission et veut de nouveau s'éloigner. Mais la Révérende Mère la retient. Prenant occasion d'un moineau, qu'elle gardait dans sa chambre, pour entrer avec elle en conversation et lui faciliter une ouverture de cœur : Connaissez-vous, lui dit-elle, l'histoire de l'oiseau bleu ? Il a la réputation d'être un vrai parleur. Eh bien ! mon moineau lui ressemble un peu ; car il me raconte quelquefois des choses très intéressantes. Vous ne vous en seriez pas doutée ? ajouta-t-elle, en jetant sur la Sœur un regard interrogateur. Celle-ci était de plus en plus embarrassée, parce qu'elle se sentait devinée. Elle continua toutefois à faire bonne contenance. Voyez donc, ma bonne fille, lui dit alors la Supérieure, comme il fait beau aujourd'hui. Le soleil darde ses rayons sur les fleurs du jardin et les rend toutes brillantes. Si un petit rayon de lumière pouvait entrer dans votre âme, peut-être y verriez-vous plus clair. Je demande à Dieu, mon enfant, qu'un rayon de son amour, beaucoup plus puissant que ceux du soleil, pénètre votre cœur et le rende plus généreux. Ces dernières paroles furent décisives. La Sœur n'y tient plus ; elle se jette aux pieds de la bonne Mère et avoue tout ce qui se passe en elle.

Il y a longtemps, mon enfant, lui répond la vénérable Supérieure, que vous pêchez dans l'eau trouble ; je m'en apercevais et vous attendais tous les jours. Rappelez-vous que les poissons pris à l'eau trouble ont un certain venin qui empoisonne. On peut aisément y prendre un serpent, au lieu d'un poisson, et en être mordu mortellement. Voyez donc à quoi vous vous exposez. Ayez l'abandon d'un enfant envers sa mère. Soyez généreuse et laissez-vous travailler. Et puis, faites de tout cela un bouquet, jetez-le dans le Sacré-Cœur de Jésus, en lui disant que c'est pour le ciel. Sachez aimer jusqu'à l'oubli de vous-même. Il n'y a, mon enfant, qu'un calice où l'on boit l'oubli et le renoncement de soi-même ; il n'y a qu'un foyer où s'allume l'héroïsme de la charité : c'est le calice et la poitrine du Sauveur Jésus [1]. »

Voilà comment l'excellente et habile fondatrice savait arriver au cœur de ses religieuses, en découvrir les secrets et les diriger toutes dans le droit chemin.

— A une Sœur qui se plaignait d'avoir un malade pénible, difficile à contenter, Mère Marie-Joseph adressa ces paroles : « Qu'avez-vous fait, ma Sœur, de votre esprit de foi, qui doit vous faire voir Jésus-Christ lui-même dans ses membres souffrants? — Oui, ma Mère, c'est vrai; mais il y a des personnes si acariâtres! Difficilement, on peut reconnaître en elles Notre-Seigneur, la bonté même. —

---

[1] Reg. 1883, p. 140 et 141.

Dites-moi, ma chère enfant, reprit la digne Mère, je suppose que vous ayez un beau Christ en or, enrichi de pierreries d'une grande valeur. Vous en trouvez un autre en bois, grossièrement travaillé, couvert de boue et d'ordures : vous le nettoyez, vous le lavez, avec les plus minutieuses précautions. Tous les deux représentent Jésus-Christ. Mais lequel doit vous être le plus cher? N'est-ce pas celui qui vous a coûté le plus de peine?

Eh bien! ma fille : le premier, ce sont ces saints malades, qui non seulement n'ont pas besoin de conversion, mais qui édifient par leur résignation et ont une âme enrichie de toutes les vertus. Le second, ce sont les malades pénibles et d'une humeur fâcheuse; leur âme est couverte de passions, souillée par le vice. Si, par la grâce de Dieu, vous pouvez faire quelque bien à un de ces pauvres pécheurs; obtenir, en priant, qu'il lave et purifie son âme dans le bain de la pénitence, quelle ne sera point votre joie? Et ce malade ne deviendra-t-il pas beaucoup plus cher à votre cœur que le premier[1]? »

---

[1] Reg. 1883, p. 105 et 106.

Profondément pénétrées de l'esprit de foi, à la suite de telles paroles, les bonnes Sœurs de Bon-Secours déployaient tout leur zèle auprès des malades, quels qu'ils fussent. Souvent elles ont été appelées à assister les pécheurs les plus endurcis, des francs-maçons, des impies forcenés, sur le point de mourir. Elles affirment que, depuis cinquante ans, par une bénédiction spéciale de Dieu, elles n'ont jamais ou presque jamais eu la douleur d'en voir expirer aucun, sans l'avoir amené à recevoir, en bonnes dispositions, les derniers sacrements [1]. De nombreuses et frappantes conversions ont été opérées.

— Un jeune homme, à Lyon, malade de la poitrine, et en danger prochain, refusait les secours de la religion, sous prétexte qu'il était protestant. Ayant appris que c'était faux et qu'il avait fait sa première communion, les Sœurs cherchèrent d'abord, mais en vain, à l'amener à prier. Elles appelèrent ensuite un prêtre, auquel il adressa des injures, et il défendit aux personnes de la maison d'en recevoir

---

[1] Liasse 10, p. 2.

aucun, ni celui-là, ni d'autres. Ces personnes, d'une réputation suspecte d'ailleurs, ne s'y conformèrent que trop fidèlement. Cependant l'état du pauvre malade empirait. Dans un moment où il souffrait davantage, une des deux religieuses qui le soignaient lui présente sa croix à baiser. De colère, il couvre la croix d'un crachat. Alors la Sœur, très peinée, l'engage à demander pardon à Dieu, et ne peut s'empêcher de pleurer d'un tel endurcissement. Le malade lui demande pourquoi elle pleure. « Malheureux! répondit-elle avec courage, après ce que vous venez de faire, il y a de quoi pleurer. Sachez, Monsieur, ajouta-t-elle que vous êtes bien malade et que si vous veniez à mourir dans cet état, vous seriez damné. » Eh bien! je veux être damné, reprit le jeune homme. Presque à bout de ressouces, la Sœur va se jeter aux pieds de Notre-Dame des Grâces, à Saint-Nizier, la suppliant de sauver cette âme infortunée. Dans sa peine et pendant sa prière, elle crut comprendre intérieurement que la Sainte-Vierge l'engageait à ne point se décourager, à revenir à la charge.

Elle rentre et répète au jeune homme ce qu'avait dit le médecin : qu'il n'a plus que quelques heures à vivre. L'oncle du malade, un homme de foi qui se trouva présent, appuya de son côté et engagea d'une manière très persuasive le moribond à se confesser sans retard. Celui-ci, voyant qu'il allait mourir dans quelques heures, se mit à pleurer à chaudes larmes. La Sœur commença à espérer. Tout à coup le jeune homme lui dit : « Ma Sœur, allez me chercher un religieux âgé. » Elle vola, plutôt qu'elle ne courut, chez les Maristes, assez rapprochés, et amena un des Pères. Le malade eut le temps de se confesser et de recevoir tous les sacrements, ce qu'il fit plein de repentir, demandant pardon à la religieuse et promettant de mieux vivre, s'il revenait en santé. Il avait trente ans et ne s'était pas confessé depuis quinze ou seize. Sa mort fut très édifiante [1].

— En 1858, M. le docteur N. arrive un soir au Bon-Secours, demandant une Sœur pour soigner un général qui se mourait

[1] Reg. 1883, p. 56-58.

de la poitrine. Mais la Communauté était en retraite. « C'est une âme à sauver, dit le médecin, vous ne pouvez me refuser. »

A ce mot d'*âme à sauver*, la Mère Supérieure cesse toute résistance. Sœur Pélagie fut envoyée. Elle partit immédiatement et toutes les Sœurs se mirent en prières pour le pauvre malade qui n'avait plus que quelques heures à vivre.

Quelle nuit passa la bonne religieuse, qui craignait à chaque instant de voir expirer le général, et ne savait comment l'amener à s'occuper de son âme ! Tout en l'environnant de soins, elle priait avec ferveur, récitait force *Souvenez-vous*, dit-elle. La pensée lui vint d'abord de présenter au malade une médaille de la Sainte-Vierge, en l'accompagnant de quelques paroles d'encouragement. Ce qui fut assez bien accepté ; mais la Sœur ne savait trop si c'était par conviction ou par politesse.

Vers les deux heures du matin, le général voulut se lever et se fit conduire à son bureau où il eut encore le courage d'écrire son testament en faveur de sa femme. « O ma Sœur !

dit-il, en se remettant au lit, que mon agonie est longue ! » Celle-ci priait toujours et ne désespérait pas.

A quatre heures, elle envoie chercher le docteur qui arrive aussitôt, et qu'elle instruit à part de ce qui s'est passé. « Eh bien ! mon général, dit-il en entrant, comment ça va-t-il? Etes-vous content de la Sœur ? — O docteur! reprit le malade, elle est pour moi plus qu'une Sœur, elle est une mère. Mais je m'en vais, je le sens. — Allons, allons, du courage ! mon général. Vous me voyez. L'année dernière, j'étais malade comme vous; j'ai reçu les derniers sacrements à neuf heures du soir. Je n'en suis pas mort; au contraire, de ce moment, je commençai à aller mieux. Et vous, qui avez toujours été bon et brave soldat, honoré et respecté en ce monde, vous ne voudriez pas être méprisé dans l'autre. Eh bien ! vous y consentez. Je vous laisse avec la Sœur, et vais vous chercher un bon curé, ancien soldat, qui vous aidera, et vous serez content. » Le Oui se fit un peu désirer. « Allez, dit-il enfin, d'une voix émue; je veux me

confesser. Ce que vous me dites, et ce que
fait pour moi cette Sœur, me montre qu'il y
a une autre vie. » Le prêtre arrive : le moribond
se confesse avec les marques de la plus sincère contrition ; il demande lui-même à recevoir la sainte communion, qu'il n'avait pas
faite depuis soixante ans ; il en avait soixante-
douze. De plus, il veut que ses premiers officiers
soient tous présents. La chambre était pleine ;
tous pleuraient ; mais lui, calme et résigné,
suivait les prières et répétait souvent : « Mon
Dieu, miséricorde ! » Deux heures après, il
expirait, le regard fixé sur la croix qu'il tenait
dans ses mains. Ce brave avait toujours aimé
faire l'aumône. Dieu l'en a dignement récom-
pensé [1].

— L'année 1863, une Sœur de Bon-Secours
fut priée de se rendre à un hôtel situé place
de la gare de Genève, à Lyon, où habitaient
un colonel et sa femme. Cette dame était dan-
gereusement malade, d'âme aussi bien que de
corps. Eloignée depuis longtemps de ses

---

[1] Reg. 1883, p. 107-110.

devoirs religieux, elle paraissait d'autant
moins disposée à les remplir, qu'elle s'obsti-
nait à garder une haine profonde contre une
autre personne, et ne cessait de la maudire.
En présence de pareils obstacles, la bonne
Sœur se dévoua généreusement, pria avec
ferveur et offrit chaque jour à Dieu et à Marie
toutes ses actions, ses fatigues et ses peines,
pour la conversion de cette âme. Elle obtint
d'abord de la faire prier avec elle matin et
soir. Cela durait depuis un mois, lorsqu'à
l'approche de la fête du Saint-Rosaire, les
Pères Dominicains, qui étaient dans le voisinage, annoncèrent une neuvaine préparatoire
à cette solennité. La malade consentit volontiers à s'y unir, dans l'espoir de recouvrer la
santé. Elle fit même brûler un cierge à l'autel
de la Sainte-Vierge, le dernier jour de la
neuvaine. Ce qui commença à donner confiance d'être bientôt exaucée à la religieuse,
dont les supplications avaient redoublé. La
fête du Saint-Rosaire passe, sans avoir obtenu
la guérison du corps; mais celle de l'âme
n'était pas éloignée. Pendant la nuit du

dimanche au lundi, la malade fut très agitée.
Comme elle exprimait ses craintes pour la
nuit suivante : « Disons ensemble un Souvenez-vous, Madame, répondit la Sœur, afin
que vous soyez calme. » La nuit fut très bonne,
et le lendemain cette dame se sentit tellement changée, qu'elle-même exprima à son
mari la volonté de recevoir les sacrements.
Celui-ci y consentit sans peine. Il fit de ses
propres mains de riches préparatifs pour
l'administration de la Sainte Communion, et
y assista pieusement, en grande tenue, ainsi
que ses deux ordonnances.

Heureuse et parfaitement convertie, la
malade ne garda aucune haine dans l'âme et
on ne l'entendit plus parler mal de personne.
Les deux domestiques furent si édifiés, qu'ils
rompirent, aidés par la religieuse, avec leurs
passions; s'instruisirent et revinrent bientôt à
une vie vraiment chrétienne. « Voilà vos trois
convertis », dit un jour, à la Sœur, le colonel
ému, en lui montrant sa femme et les deux
soldats. — « Oui, répliqua-t-elle, mais il en
faut encore un ». Le colonel sourit. — « Je

n'ai plus qu'un an de service ; je vous promets
que chez moi, je le ferai aussi [1]. »

— Une jeune novice, un peu espiègle,
entendit quelque chose d'un entretien de la
Mère fondatrice avec le R. P. Barelle, jésuite,
et en a recueilli ces paroles : « Mon Père, dit
la Révérende Mère, je suis seule dans la douleur. Je crois que le Bon Dieu veut que je
me rassasie d'opprobres avec lui. J'ai pourtant bien dit, ce matin, à la peine qui m'ac-
cable : Je sais d'où tu viens et ce que tu veux ;
et, si ma faible nature tremble à ton approche, mon cœur te reçoit, parce que je sais
que c'est le Bon Dieu qui me visite ; c'est une
épreuve que me présente sa main paternelle
et miséricordieuse. J'ai bien dit à la souffrance : Sois la bienvenue ! Celui qui t'envoie,
n'envoie que des bienfaits ; mais, mon Père,
que mon pauvre cœur saigne ! — Le P. Barelle répondit ces belles paroles : O ma bonne
Mère ! heureux ceux qui pleurent, qui souffrent au pied de la Croix ; car là on trouve

---

[1] Liasse 11 bis, p. 1-7.

des pensées pleines d'une douleur qui console, et d'une tristesse si douce, que, pour peu qu'on s'y abandonne, elle guérit toutes les autres. Ah! ma bonne Mère, la sainte Croix du bon Maître porte nos croix; ses souffrances allègent nos chagrins et nos délaissements. C'est le calice où Jésus, Marie, Joseph ont trempé leurs lèvres. Ces contrariétés, qui vous font gémir, sont les épines de la couronne du bon Jésus. Dans ce moment, vous êtes le pieux Cyrénéen et, comme Véronique, vous essuyez la sueur du front sacré du Sauveur Jésus. Vous embrassez ses pieds, comme Madeleine. Avec elle, vous êtes à côté du divin Crucifié. S'il le faut, mourez-y par amour. O ma Mère! ajoutez à tout cela cette prière : O mon Sauveur et mon Père! volontiers je bénis le ciel, parce qu'un jour je serai bien contente d'avoir souffert et pleuré avec vous [1]. »

— En 1876, une Sœur qui a eu l'avantage de connaître la Révérende Mère fondatrice, vit sa vocation en danger par suite d'une

---

[1] Reg. 1883, p. 142 et 143.

surdité contractée dans une maladie. Comme, pour ce motif, on la refusait partout où elle était envoyée en garde, le conseil délibéra s'il ne fallait pas la renvoyer dans sa famille ; ce dont la Maîtresse des novices lui fit part en l'engageant à prier beaucoup à ce sujet.

Dans sa désolation, la pauvre enfant alla se jeter aux pieds de la Sainte-Vierge. « O ma bonne Mère ! lui dit-elle, jusqu'à présent vous m'avez toujours protégée. Voudriez - vous m'abandonner et me renvoyer ainsi ? » Sa confiance ne fut pas vaine. Il lui sembla entendre ces paroles au fond de son cœur : « Courage, mon enfant, je ne t'abandonnerai pas. » Et elle se sentit remplie d'espoir. En même temps, elle se rappela qu'elle avait souvent entendu la Mère fondatrice dire aux novices : « J'aimerai mieux vous voir mourir que partir. » La pensée lui vint de recourir à cette digne Mère. « Oh ! je vous en conjure, lui dit-elle, obtenez-moi la grâce de connaître si je dois persévérer dans ma vocation. » La jeune Sœur commença, en conséquence, une neuvaine aux âmes du Purgatoire, mettant pour clause que le premier malade qu'on lui donnerait à soigner déciderait tout. S'il ne voulait pas l'accepter, ce serait une preuve qu'elle devait quitter la Communauté; si, au contraire, elle réussissait, Dieu montrerait par là qu'il l'appelait au Bon-Secours.

Au bout de la neuvaine, cette religieuse fut envoyée en garde et réussit au-delà de ses espérances. L'infirmité qui l'incommodait tant avait disparu; en sorte qu'elle obtint une double grâce, celle de sa guérison et la conservation de sa vocation qui lui était plus chère que sa propre vie. Depuis, elle ne cessa de remercier Marie, et aussi la Mère fondatrice, à laquelle elle attribue la faveur insigne qui lui a été accordée. Elle lui en conserve une éternelle reconnaissance [1].

Il n'est aucune religieuse de la Congrégation de Notre-Dame de Bon-Secours, dont nous venons d'écrire l'histoire, qui n'ait reçu beaucoup de la vénérable sœur Marie-Joseph, fondatrice de cet admirable Institut; aucune

---

[1] Reg. 1883, p. 117 et 118.

dès lors qui ne lui doive aussi *une reconnais-sance éternelle*. Ne leur a-t-elle pas consacré sa vie entière ? Qu'en retour, elles s'efforcent de vivre et d'agir constamment d'une manière digne d'elle !

Toutes s'honorent de l'avoir eue pour première Mère. Que, de son côté, la sainte fondatrice puisse toujours se reconnaître et trouver sa gloire dans ses enfants !

TABLE DES MATIÈRES

BOURG, IMP. VILLEFRANCHE. — 1053-87

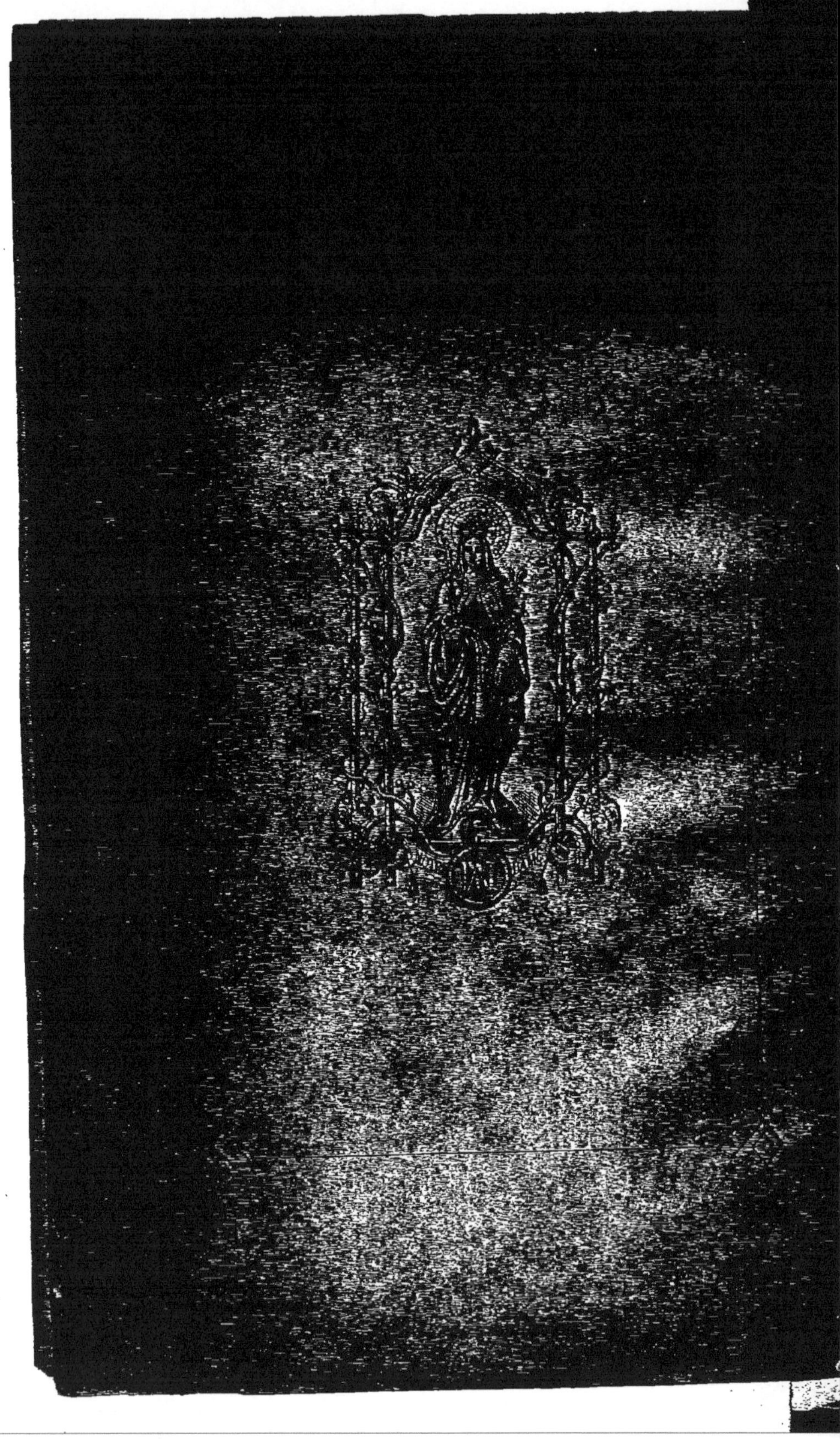